# 投資人的
# 美利天堂

林子揚 著

30年美股投資，年化報酬23%者的現身說法

# CONTENTS 目錄

自序     5

## | Chapter 1 | 「想通」的藝術

**01** 「投資」是生存的技能     10
- 每個人都在尋求自由、獨立     10
- 爲何需要投資理財？     12
- 投資股票的優點     15
- 投資美股是最佳選擇     18
- 投資股市的正確觀念     25

**02** 散戶的迷思     29
- 金錢能買到名氣，但買不到績效     29
- 對基金和財富管理的期望過高     36
- 典型的錯誤投資行爲     38
- 職場工作技巧，並不適用於股市投資     41
- 大盤指數基金和懶人投資法才是王道     42

**03** 性格決定一切     47
- 性格是投資成功的關鍵     47
- 有利於投資的性格—決心最重要     50
- 性格比聰明才智更重要     56
- 投資是藝術，不是科學     62
- 性格決定投資能否成功     65

## | Chapter 2 | 「看懂」的技巧

**01 投資報酬率**    70
- 年化投資報酬率—投資人該重視的唯一指標    70
- 評量投資報酬率——如何由年化報酬率判定績效？    72
- 資金規模 vs. 投資報酬率    75
- 基金的投資報酬率    82
- 台股投資人的習性令人費解—見樹不見林    84

**02 風險 VS. 不確定性**    88
- 何謂不確定性？    88
- 什麼是風險？    90
- 似是而非的「去」風險—投資組合再平衡    92
- 「事實」和「正確性」是投資決策的根基    94
- 安全邊際—價格 vs. 價值    97
- 要避免犯錯，但並非不犯錯    100
- 巴菲特的投資方法沒有秘密—但為何無人採用？    104
- 瞭解歷史有助於投資    107

## | Chapter 3 | 「做好」的準備

**01 改變的決心**    110
- 想突破就要改變—重大的改變是必要且痛苦的    110
- 長期投資的好處    116
- 專注和集中    119
- 投資功課無法逃避—投資的三部曲    124

# CONTENTS

**02 獨立思考** ... 130
- 想成功？請建立專屬的思考模式 ... 130
- 決策無法假手他人—思考不能外包 ... 135
- 群眾是盲目的—不要淪為烏合之眾 ... 137
- 不要隨波逐流—人云亦云是大忌 ... 140
- 閱讀的重要性無可取代 ... 144
- 建立自己的投資原則 ... 146

**03 市場波動 VS. 崩盤** ... 149
- 股市中，唯一能確定的就是「不確定性」 ... 149
- 股市崩盤 ... 152
- 財富「重新分配」的時刻 ... 156
- 如何面對股市崩盤？ ... 157
- 崩盤過後股市總會再攀新高 ... 161
- 別把心思花在無謂的事情上 ... 164

附錄 1｜林子揚的歷年年度投資績效表（1996 年至 2024 年） ... 169
附錄 2｜全球主要股市過去 30 年的報酬表現比較一覽表 ... 170
附錄 3｜林子揚開發的免費美股投資工具程式列表 ... 172
附錄 4｜林子揚推薦的投資書籍 ... 174
附錄 5｜林子揚推薦的美股網站 ... 179
附錄 6｜林子揚的網站，部落格，和社群 ... 181

| 自序 |

# 性格決定一生的命運，包括你的投資績效

　　這是一本十年、廿年，甚至百年後，所談的投資方法仍有效的書。在出版過兩本美股投資書籍、寫了幾年的美股投資部落格、財經專欄，和許多投資人及讀者的交流後；我發現大多數的投資人在股市投資的行為表現，和我自身 30 年的美股成功的投資心得有極大的差距。股市投資不可能有公式，但確實存在成功的方法；而且這些成功的方法和大多數人的認知是不同的，更和投資哪一國的股市無關；真正被證明持續有用的投資方式是能被運用於任何市場，亙古不變的真理。想取得可持續的滿意報酬，投資人應該要把心思花在能在整個投資生涯繳出出色年化報酬率的投資方式。知名度用錢買就有，但可持續的投資成績用錢是買不到的。

　　李錄曾表示：「投資界聰明人很多，巴菲特和蒙格不同之處在於：如果單純地以賺錢為目的做投資，幾乎不可能創造成就非凡的長期業績。我沒有見到過任何單純以賺錢為唯一目的的人創造出真正卓越的、超凡的業績。投資本身是對未來的預測，預測確實是各種能力綜合的結果，預測的表現就是品行的外延。毫無疑問，一個人的品行、知識、心態會影響他長期的投資結果。」

　　大多數投資人對上市企業的關注焦點都投注在企業的短期表現、技術指標、市場走向、籌碼分析、財務數字、波段操作、下一季的財測等枝微末節的短期議題上。散戶討論的都是最近股市是否熱絡？我買的個股是否漲了 5% 還是 10% 可以讓我獲利了結？哪一檔個股昨天漲停板？哪一位名人網紅

或投顧老師又報了哪一檔明牌？成功的投資人並不會把重點放在這些無助於企業競爭力的短期因素上，我們真正應該關注的是影響企業長期發展和可持續的因素。

我們很少看到投資人在討論哪一家企業近十年的年化報酬率如何？股東權益報酬率是否獲得大幅地改善？是否值得投資人持有10年？一再錯過十倍股的根本原因到底是什麼？世上為何只有極為少數成功的投資人能持續投資數十年且繳出超過20%的生涯年化報酬率？關注議題的不同，正是一般投資人和成功投資人之間的最大差異。

## ▌參與股市沒有門檻，但並非人人都適合

不重視長期投資、人云亦云，特別是忽略了投資是一門藝術，而不是一門科學的簡單道理。投資人的根本問題在**觀念和心理，不是選股**；決定投資成敗的其實是非量化因素，不是量化因素。投資人真正應該關注、應該培養的思考方式，以及認真看待的；應該是那些有持續性和未來性、可以隨時間提升自己投資能力，加上能產生時間複利的東西，才會對你一生的資產累積有實質和重大的助益。

想要取得成功，首先必需誠實地回答：自己究竟適不適合進行股市投資？對股市投資的理解正確嗎？和他人相較自己的優勢何在？期望的股市成功投資標準為何？什麼樣的投資報酬率合理？如何檢視成功的股市投資？股市崩跌40%時是否能不賣股還逢低買進？願意投入如上班一樣多的時間和心力在股票投資上嗎？自己是合群的人還是害怕與眾不同？

| 自序 |

　　本書的主要目的是希望透過我的親身經歷讓投資人瞭解：雖然股市的參與沒有門檻，但並不是每個人都適合進行股市的投資。投資美股 30 年，後來才逐漸體會我個人的某些性格有利於股市的長期投資，這也是能讓我繳出 29 年年化報酬率 22.76%、收獲 9 檔十倍股，投資組合資產成長 383 倍的主要原因。

　　蒙格在魏斯可（Wesco）2007 年的股東會上分析過巴菲特成功的幾項關鍵因素：「首先是他擁有過人的心理素質，巴菲特相當聰明，智力已經超出了他的能力範圍。而且他起步很早，十幾歲就開始。除非你對自己非常感興趣的事情踏出第一步，否則很難取得成功。巴菲特是地球上最好的學習機器之一，如果你在這個世界上停止學習，世界就會從你身邊飛馳而過。巴菲特很幸運，即使到了退休年齡，他仍然能夠有效地學習並提升自己的技能。巴菲特的投資技巧自他 65 歲以後還能持續地提升；如果他只停留在早期所了解的內容，那麼他的記錄將與現在相差甚遠。」

　　每個人的投資風格，其實就是你的真實人格特質的寫照；性格決定了一生的命運，包括你的整個投資生涯的成績。

　　本書所談的內容在數十年後仍不會過時，內容專注的會是人們不屑一顧，但卻是決定你的整個投資生涯成功與否，以及能否持續表現優異的一些關鍵因素。透過本書讓讀者瞭解實務上，我是如何達成投資美股 29 年年化報酬率 22.76%、收獲 9 檔十倍股，資產成長 383 倍的要訣。這是我三十年美股的投資的心得；內容會隨時插我的實際作法，以反映書中關鍵和重要的內容。只要讀者奉行書中的要點，一定會改變你的整個投資生涯。

林子揚

| Chapter 1 |

# 「想通」的藝術

01.「投資」是生存的技能
02. 散戶的迷思
03. 性格決定一切

## 01 「投資」是生存的技能

「如果你無法找到方法,讓錢在你睡覺的時候為你工作,那你將會工作到死。」

——華倫・巴菲特（Warren Buffett）

### ▌每個人都在尋求自由、獨立

傑夫・貝佐斯（Jeffrey Bezos）有一次談到熱愛工作的真相時表示:「如果你的職場工作能夠有一半讓你樂在其中,那就很不可思議了。」能做到這一點的人少之又少。因為真相就是,任何事物都有代價,這就是現實,每項事物都會有你不喜歡的地方。

歲月靜好是要成本的,沒有實力的人只能保持靜默,有實力的人才能享受靜好。美好生活的底色一定是物質。世間沒有貧窮的口袋,只有貧窮的腦袋;財富自由的最大好處是擁有選擇的自由,而擁有選擇的自由是無價的。

最近在報上讀到一則新聞;房仲表示,近年來有能力買得起台北市區新建案的買家,只剩下企業主和投資成功的人士,甚至就連科技業的上班族都買不起。

一生能夠積累多少財富,不是取決於你能夠賺多少錢,而是取決於你如

何投資理財，**錢找人勝過人找錢，要懂得錢為你工作，而不是你為錢工作。**

## 我們需要多少退休金？

「1111 人力銀行」2024 年 10 月所發表的退休調查，目前上班族平均 58 歲就想退休，以平均餘命 80 歲估算還約有 22 年的退休時光，人們平均認為 41 歲就得啟動退休規畫，估計不含房產要存到 1,247 萬元才能安心退休。上班族評估退休後每個月的支出為 27,979 元，約是目前收入的 66%。

為維持退休後的生活，多達 78.3％的上班族打算退休後要繼續開闢收入，主要方式為投資理財（70.5％）、兼職或計時工作（66.2％）、接案（23.9％）。退休規畫面對的不可預期因素的干擾包括最擔心的物價通膨（62.9％），其次是退休金不夠用（54.3％）、生病無法自理（43.7％）、持續低薪存不到退休金（42.7％）。根據台灣主計總處公佈的 2023 年度家庭收支調查結果：平均每人月消費支出為 25,726 元；假如 60 歲退休，平均活到 80 歲，20 年開銷換算下來，約為 617 萬元。

## 另籌退休財源，股票是主力

根據台灣人壽 2020 年起與政大持續追蹤五年的「退休生態觀察指標」，在 2024 年的調查結果：61.7％的民眾評估退休前無法備足退休金、更有 61.9％未退族認為退休金得另籌自備款才夠用；其中有高達 56.4％選擇股票投資做為退休自籌資金的來源。

據台灣證券交易所 2024 年底的統計，台股開戶人數為 1,321.6 萬人，佔全台總人口的 56.47％。依 2022 年財政部綜所稅申報資料，高齡有所得者佔

高齡人口 57％，其中有股利所得者佔高齡有所得者 58.5％，平均每人月領股息 2.3 萬元。政府並沒有台灣 60 歲國民平均存款的資料，但根據主計處國富統計的資料，2022 年底家庭部門平均每人的淨值為 688 萬元。2023 年的統計每戶家庭淨值 1,889 萬元，其中證券資產 341 萬元。據內政部統計，2024 年 4 月平均每戶有 2.52 人。

## ▍為何需要投資理財？

22023 年勞保局公布，每位勞工平均請領的年金僅 18,824 元，2024 年勞保精算報告指出，潛藏負債 13.23 兆，勞保基金恐於 2031 年破產。全世界已經有多個國家發生了國民的老年退休年金破產的案例，實質性入不敷出的例子更多。如果你太天真，退休之後只靠標準的勞保退休年金，生活將會非常辛苦。

根據美國社會保障局（SSA）的數據，2024 年 65 歲及以上的美國人領取平均約為每月 1,862 美元的社會安全保障金；但它只佔美國老年人總收入的 30％。根據美國政府醫療保險和醫療補助服務中心（CMS）在 2020 年的統計，65 歲及以上的美國人，平均每人每年在醫療保健上花費 22,356 美元。

**薪資水平不高，退休金難保生活無虞**

2024 年主計總處的《薪資中位數》報告指出：受僱員工經常性月薪資平均數為 49,695 元；獎金及加班費等非經常性薪資 15,177 元，合計後總薪資平均數為 64,872 元。經常性薪資中位數為 39,087 元。美國也好不到那裡

去：美國勞工統計局和人口普查局的統計：2023 年第四季全美平均年薪爲美金 59,384 元。2024 年美國家庭收入中位數爲 75,580 美元。

（表 1-1）是過去 12 年，分別由經濟部和主計處所公布的國民年平均所得和消費者物價指數統計，國民年所得的年複合成長率只有 3.93%。奉勸投資人盡可能地在年輕工作時多存點錢和儘早進行投資，才能利用時間複利累積資產。越早開始儲蓄和投資，隨著年紀增長累積的資產就會越顯著。**財務自由並不是靠省下三餐吃飯錢的方式達成的；你必須讓錢爲你工作，而不是你爲錢工作**。你越早擁有這項技能，就能越快實現經濟獨立。有辦法讓錢自動爲你賺錢時，才有財務自由的可能。

## 通貨膨脹正在吃掉你的積蓄

你手上現在的現金購買力，隨著時間的推移會逐年變小；參考（表 1-1）的消費者物價指數年增率，這便是一般人對通貨膨脹的直接感受。20 年前，台灣銀行定存利率大約是 5%，2025 年 3 月約 1.715%，若不再繼續下跌，就該額手稱慶了。

每個人一生都有一堆帳單要付；世界會進步，生活費也一定隨之上升；我們不可能退回到自己自足的農業時代。除了通膨外，我們無法預知退休後的世界會進步成什麼樣子？有多少現在不存在的額外生活花費會在以後產生？20 年前，沒有人會預料到手機已成為現代人的必備品，三不五時換新手機的錢、每個月付的上網的費用、手機程式下載的費用，以及各種訂閱服務所需的費用等。

由於醫療科技的進步，大部份人都會比父母和祖父母輩活得更久。年紀

漸長後，所需要的健康醫療費用也會隨著上升；少子化的影響和社會風氣的轉變，養兒防老已不切實際，大部份的人都需要自行準備老年後的看護和住養老院的龐大費用。

衛福部公布，台灣 2023 年的醫療費用約佔全國 GDP 的 7.8％，為了防止健保破產，政府已計劃逐年增加國人自付的項目，未來的趨勢是自費項目只會愈來愈多。根據美國政府醫療保險和醫療補助服務中心（CMS）

表 1-1 國民年平均所得和消費者物價指數

| 年度 | 國民年平均所得 | 國民平均所得年成長率 | 消費者物價指數 | 消費者物價指數年增率 |
| --- | --- | --- | --- | --- |
| 2012 | 527,583 | -2.34% | 92.97 | 1.93% |
| 2013 | 569,550 | 7.95% | 93.71 | 0.80% |
| 2014 | 633,873 | 11.29% | 94.83 | 1.20% |
| 2015 | 655,017 | 3.34% | 94.54 | -0.31% |
| 2016 | 648,250 | -1.03% | 95.86 | 1.40% |
| 2017 | 653,842 | 0.86% | 96.45 | 0.62% |
| 2018 | 690,320 | 5.58% | 97.76 | 1.36% |
| 2019 | 647,993 | -6.13% | 98.3 | 0.55% |
| 2020 | 708,368 | 9.32% | 98.07 | -0.23% |
| 2021 | 794,024 | 12.09% | 100 | 1.97% |
| 2022 | 870,099 | 9.58% | 102.95 | 2.95% |
| 2023 | 857,819 | -1.41% | 105.51 | 2.49% |
| 年複合成長率 |  | 3.93% |  | 1.22% |

說明：台灣國民年平均所得資料來自經濟部，消費者物價指數資料來自主計處。
製表：作者

2022年的統計：美國人參加健保的比例達92%，醫療保健佔GDP的比例為17.3%，預估到2032年將達到19.7%。美國高達一半的民眾擔心付不出天價醫療費，而因醫療費用過高，導致申請個人破產的比率，則約在26%至66.5%之間。

除非你是軍公教人員，多數人不會期待能從第一份工作上退休。全球化更激烈的職場競爭已是世界潮流，你必須和全世界的人而不只是本地的人競爭工作。

## 投資股票的優點

傑諾‧席格爾（Jason Segel）在《散戶投資正典》（Stocks for the Long Run）一書中的統計，從1802年到2012年，各種資產的年化投資報酬率分別是：股票6.6%、債券3.6%、國庫券2.7%、黃金0.7%、美元-1.4%。

若當初都投資1美元，經211年後，各種資產最後的累積資產值將分別是：股票704,997、債券1,778、國庫券281、黃金4.52、美元0.05。除非你把股市當賭場，或是炒短線；否則長期而言，股票投資幾乎都能獲利。

**投資股票是少數投入資源愈多，但產出或回報卻成反比的事業。**人多或資源愈多，除了礙事；不會為你的投資報酬帶來任何優勢，錢多或人多好辦事這種商業界不成文的慣例，在股市投資上反而是有害的，一個人的決策反而讓股票投資更有利。企業存在的必要之惡——決策官僚，則是阻礙投資成功的最大殺手，投資人只要看看股票基金經理人的投資績效有多糟糕，應該就能瞭解了。

## 沒有資格限制，一生都能從事的事業

全球股市都希望所有的人入場交易，任何人都可以開戶買賣股票成就你的致富夢想。證券商開戶不會有門檻限制、不需要資格考試、沒有智力測驗、也不會做身家或家世背景過濾，更不會因任何理由歧視你，將你拒於門外。

**股票投資和學經歷、家世出身、智商、社經地位都沒有關係。**只要你具備讀報紙的能力，投資股票成功與否，和這些都沒有關係。成功的投資必需具備的是敢與眾不同的非凡洞察力和獨立思考的能力，不是講究合群，或是擁抱多數人的意見的工作。高智商的人，投資股票反而容易失敗；名列「門薩會員」[1]的人，投資股票並不會具有優勢。

股票投資是極少數可以終其一生都能從事的事業；只要你願意，還有體力，可以一輩子都從事股票投資，直到離開世間的前一刻為止。菲利浦·費雪（Philip Fisher）和伯納德·巴魯克（Bernard Baruch），兩人自承在 90 多歲時，都還會打電話向股票經紀人下單交易股票。從事股票投資的一大好處就是隨著年齡的增長，投資能力也會持續累積提高。大部份的工作，特別是體育競技、藍領工人、普通上班族，隨著年齡的增長，你就無法從事這項工作了。但是**投資這條路上，你所累積的知識和經驗遠比擁有的資金多寡還要重要。**

## 從容的選擇權，兼顧報酬與安全性

巴菲特在 1974 年，接受《富比士》（Forbes）雜誌採訪時曾經表示：**「投資是世界上最好的生意，因為你永遠不需要被迫揮棒。**投手投出通用汽車（General Motors）的球、投出美國鋼鐵（U.S. Steel）的球，沒揮棒也不

會被判三振出局。除了錯失良機，不會有任何懲罰。你只需等待你中意的球，在守備員打瞌睡候奮力一揮。」

股票市場沒有三振出局這回事，你不必每球都得揮棒，你只需要等待你中意的球來再揮棒就行了。股票投資不是考試，沒有時間限制，趕時間提早交卷分數不會比較高，反而容易犯錯反而導致報酬不佳。

股市每天交易，流動性僅次於現金，有利於資金的調度。股票不需要像房地產一樣的鉅額財務槓桿和高額的預付款，沒有起始資金門檻的要求。除了經商賺大錢或經營具規模企業後上市外，股票投資是大部分人最容易達成財富自由的理財方式。

債券報酬穩定，看似較為安全。但是長期年報酬率還不到美股的平均市場年報酬率的一半，連通膨保值的目的都達不到。只要你不是採取短線或賭徒的心態來進行股票的投資，投資心態正確，並採用經過驗證的成功方法，股價的長期走勢一定是上漲的，即使是極度保守型的股票投資方式，都可以為你帶來可觀的資產累積和長期的安全感。

日本家庭主婦認為，退休的男性只是家裡佔位置的櫥櫃，許多人從職場退休後，許多人生活頓失重心，心理和身體都因此快速老化。股票投資可以讓你把專業轉換成投資的能力圈，讓你在退休後另創屬於自己的另一翻事業和生活重心。

**股票投資的美妙之處是：你只需和自己競爭，自行設定期望和目標，不必與人比較，更能挑戰無限的可能，獲得金錢之外的成就感。**除非你是企業擁有人，或是極少數大型公司的高階管理階層，任何人都不可能靠上班為人做嫁而致富。上班只是為人打工，成就的是別人的夢想，不會有屬於自己創

業的成就感。

上班要看老闆臉色、忍受無理的客戶需索、被迫和討厭的同事每日相處。股票投資不會有時間或地點的限制，自由度大。尤其現在網路發達，資訊流通快速，不再有時間和地點的限制。

## ▍投資美股是最佳選擇

台股即使最賺錢的少數公司，都是外國企業的代工公司，多數公司的營收上下起伏劇烈並不穩定。台積電（2330）長期佔去台股權重三成以上，實在是相當不健康，台股比重有近七成是電子相關類股，產業類型單調，多數股票交易量都很小。上市企業內線交易等醜聞，更是不絕於耳。我曾在2022年出版的《10倍股法則》一書中做過統計：

- 過去10年，台股只有2家企業，能夠持續每年打敗0050 ETF。
- 過去15年，台股只有100家企業，能夠持續每年獲利。
- 過去30年，台灣只有2家在美股上市的ADR，達成10倍股的目標。

**投資的原則不會隨著交易市場的不同而有差異，投入一樣的時間精力，當然是要選擇報酬率大很多的美國股市。**

證交所統計，2023年底累計台股的開戶數為1,251萬戶。複委託戶數在十年內由90萬戶增加至500萬戶，證券公會統計，2024年全市場複委託戶數為589萬戶，複委託交易量7.84兆元。複委託投資海外市場時，十個人有七個選美國。複委託美股以股票與ETF為主力。複委託交易中有高達55%的資金流向美股個股，38%投入ETF，合計超過9成。

## 耗費同樣的心力，卻有更好的選擇

和台股比較下，美股具備以下的優勢：

- 美股兩百年來持續交易且不曾中斷，長期持有的股票，不會變成壁紙。
- 任意 18 年間的投資報酬一定是正報酬，對長期投資人有利。
- 美國企業才是掌握未來趨勢、市場訂單、擁有卡脖子技術的命運決定者。
- 法規完整，規模龐大，市場很難被操控。
- 產業完整，美股有數百家台積電等級，甚至比台積電更好的上市企業可供選擇，紐約交易所（NYSE）、那斯達克交易所（NASDAQ）、再加上櫃台買賣（OTC）市場，約有 12,000 檔股票可供交易。
- 全世界各國的領導企業幾乎都會在美股上市，美股是全球企業估值最高的市場。2025 年 3 月的統計，美股總市值佔全球股市總市值的 64%。

我在《10 倍股法則》一書中曾詳細列出，過去 30 年，美股上市企業能達成百倍的股票就有 841 家，台積電只不過是其中之一，149 倍。美國經紀商競爭激烈，目前都是零手續費，財報和資訊豐富，交易系統功能更是強大完整。

如（表 1-2）所示，台股產生十倍股的機率，大概只等於美股產生百倍股的機率！世間並非所有事情都是平等的，投入相同的心力，不一定能得到同等的回報；但投資台股或美股，我們卻可以自行選擇！

表 1-2 台股和美股百倍股和十倍股的生成率

| | 百倍股 | | | | 十倍股 | | | |
|---|---|---|---|---|---|---|---|---|
| | 美股 | | 台股 | | 美股 | | 台股 | |
| 回溯年 | 家數 | 百分比 | 家數 | 百分比 | 家數 | 百分比 | 家數 | 百分比 |
| 30 年 | 841 | 7.23% | 5 | 0.29% | 3,895 | 33.01% | 151 | 8.66% |
| 20 年 | 536 | 4.54% | 2 | 0.11% | 3,648 | 30.92% | 142 | 8.14% |
| 10 年 | 241 | 2.04% | 0 | 0.00% | 2,347 | 19.89% | 16 | 0.92% |
| 5 年 | 74 | 0.63% | 0 | 0.00% | 1,870 | 15.85% | 3 | 0.17% |

資料來源、製表：作者（數字不包括股利）

**投資美股，必須注意匯率風險嗎？**

30 多年前，美金兌新台幣曾經是 1：25，現在是 1：32。假設 30 年前，你開始投資美股，現在你可取得的獲利會包括以下兩部份：

• 資本利得：30 年前如果你開始投資代表美股大盤的標普 500 指數，包括股息，可以取得 10.65% 的年化報酬，以 10.65% 的複利年化報酬進行投資，30 年後可以取得本利和 20.82 倍的報酬[2]。

• 滙差獲利：這 30 年期間新台幣貶值了 28%，大部份台灣人終究會把投資美股的錢匯回台灣換回新台幣，所換得的新台幣會多了 28%。

這對台灣投資人投資美股而言，其實是兩頭賺！即使 28% 是「匯損」，對比 20.82 倍的股票資本報酬，差了 74.36 倍！孰輕孰重？除非是短期炒匯，否則匯率對美股投資的影響不應成為考量。比起其它貨幣，美元匯率算是最穩定的。根據國際貨幣基金（IMF）2025 年第 1 季的統計，美元在世界各國外匯儲備所佔的比重約 57.74%。2024 年 2 月時 SWIFT 的數據顯示，美元佔全球交易的比例為 50%。2022 年時國際結算銀行（BIS）的統計指出，美元

佔全球外匯市場近 90% 的外匯交易量。

美國的綜合國力還是獨一無二，現在活著的人，有生之年應該還是如此；未來最具影響力的貨幣，依舊還是美元。

## 台股？美股？兩者大不同

大部份投資美股的台灣投資人，幾乎都有台股的投資經驗，而且是近年才投入美股的投資人。

工欲善其事，必先利其器，建議想投資美股的台股投資人先閱讀一下我2022 年出版的《10 倍股法則》一書第二章裡，針對美國股市和四大主要交易所的完整介紹，以及第三章中對美股各產業的詳細介紹。美股上市企業幾乎囊括了世界上所有的類型的產業，分布平均。

**1. 不要坐井觀天**。世界不是只有台灣，不要從台灣的視角來看世界；美股上市企業是來自全球各地的最頂尖企業。台股投資人動不動就拿台積電和美股大部份的企業比較，動輒用台股投資的邏輯來思考；這是極不合理的偏見。台灣投資人習慣去期待股市崩盤時，要求國安基金護盤，美股總市值佔全球所有股市的 64%，規模龐大，就算是政府也不可能拿納稅人的錢直接進場護盤。

**2. 美股企業虧損是常態**。台股投資人對企業的虧損忍受度很低，只要沒有盈餘，不會去深究原因，幾乎都會立即變心賣股。許多美股的科技巨擘，公司都經歷過很長的一段沒有盈餘的日子，若是長期投資者，判斷正確，這些優秀的企業的好日子反而是在後頭。網飛（Netflix）、特斯拉（Tesla）、亞馬遜（Amazon.com）、賽富時（Salesforce）在首次盈利前，就分別連續

虧損了6、17、9、5年。

如（表1-3）所示，美股上市企業虧損的比率逐年升高，趨勢明顯。

**3. 營收是美股的主要估值指標**。我在《超級成長股投資法則》一書裡曾提醒過投資人：營收對所有企業的重要性，以及不可取代性；因為財報中**基本上只有營收數字是真實可信的，其它的數字都是可以透過財務工程和會計手法進行「合法地」調整**。這也是為何以華爾街為代表的美股主要投資人幾乎都會以營收的成長率做為企業估值的主要指標。

台股投資人的估值方式則較為單一化，幾乎只看淨利，根據每股盈餘再乘以個別產業的合理倍數，直接得出企業的估值；這種估值方式在美股根本行不通。一如傑夫·貝佐斯一再教育亞馬遜的投資人：自由現金流才是決定企業能否生存的決定因素，不是盈餘！本益比還是很重要，但不是估值的全

表1-3 美股上市企業虧損率逐年升高

| 年代 | 上市企業的虧損比例 | 統計樣本範圍 |
| --- | --- | --- |
| 2024 | 37.77% | 羅素指數和標普指數成份股 |
| 2022 | 28.82% | 美股所有的上市企業 |
| 2020 | 81% | 所有新上市的企業 |
| 2018 | 81% | 所有新上市的企業 |
| 2015 | 48.40% | 財富500大企業 |
| 2008 | 48.40% | 財富500大企業 |
| 1992 | 29.80% | 財富500大企業 |
| 1988 | 16.80% | 財富500大企業 |
| 1960 | 61.78% | 紐約交易所上市的所有企業 |

資料來源、製表：作者

部;本益比易受利率影響,利率在每個年代的差異很大。**不是盈餘,美股是以營收做為估值的主要指標,這是台股投資人踏入美股必需重學的第一課。**

**4. 美國線上券商 vs. 複委託**。台灣人投資美股目前主要是透過美國線上券商和複委託這兩種方式,我個人用過 6 家美國線上券商和一家台灣複委託的服務。兩者能提供的服務範圍、品質、便利性,和費用差距非常大,(表 1-4)即是我個人的實際使用經驗分享。

除非有特殊考量,使用美國線上券商來投資美股,應該會是美股投資人相對較佳的選擇。

表 1-4 嘉信理財 VS. 富邦美股複委託服務

| | 嘉信理財 | 富邦美股複委託 |
|---|---|---|
| 美股線上交易手續費 | 0 | 手續費 0.25%，單筆最低消費美金 25 元 |
| 美國店頭市場股票 | 交易無限制 | OTC 僅可賣出不可買入，OTC Expert Market 無法進行買賣交易 |
| 移轉股票 | 轉入免費，轉出每筆美金 50 元 | 轉入每檔股票美金 20 元，轉出每檔股票美金 70 元 |
| 開戶最低金額要求 | 無 | 無 |
| 可交易地區 | 美 | 美、港、陸、日、英、德及星 |
| 免付費中文電話 | 中文為美國上班時間，英文客服為 24 小時 | 上班時間 |
| 分行臨櫃親自辦理 | 不必，統一透過客服專線 | 問題必需找分行，重要事項都必需臨櫃辦理，幾無電子化服務 |
| 線上即時通服務交談 | 24 小時即時性真人交談 | 非即時性真人交談 |
| 中文使用者介面 | 有，但大部份是英文 | 只有中文 |
| 線上開戶 | 可 | 可 |
| 規模 | 全美最大的線上證券商 | 台灣著名的美股複委託證券商 |
| 使用者介面和上手程度 | 不必安裝、介面簡單乾淨、容易上手 | 複雜、不易安裝、不易上手 |
| 掛單種類 | 市價單、限價單、停損單、停損限價單、移動停損單 | 只接受限價單 |

資料來源、製表：作者

## 投資股市的正確觀念

多數人認為股票投資人只需動動手指，花上幾秒鐘就可能賺進大把銀子，比上班數饅頭的社畜輕鬆多了。前半部或許成立，後半部則完全錯誤，這不僅是典型的倖存者偏誤，而且是大錯特錯的觀念！前半部要成立，前提是無數的心力和耐心，而且成果一定和投入的心力成正比，並非如一般人所認為一切能在頃刻間見到成果。

**股票投資入門容易，成功很難**

所有為人所知的投資大師，沒有一位不是投入一生除了睡覺之外，所有時間和心力的專職投資者。班傑明‧葛拉漢（Benjamin Graham）在《智慧型股票投資人》（The Intelligent Investor）一書中寫得很好：「獲得滿意的投資結果比大多數人想像的要容易；但要取得非凡的投資成果比想像的要困難得多。」一如巴菲特所言：「投資很簡單，但並不容易。」

彼得‧林區（Peter Lynch）在《彼得林區選股戰略》（One Up on Wall Street）一書中寫道：「股票市場所需的所有數學知識你都可以在四年級學到。」巴菲特在內布拉斯加大學的演說中表示過：「如果成為偉大的投資者需要微積分或代數，那麼我必須回去送報紙。」

葛拉漢在《智慧型股票投資人》一書中亦曾寫道：「股市中使用的數學越複雜、越深奧，我們從中得出的結論就越不確定、越具有推測性。」

### 股價緩漲急跌，做空才可能傾家蕩產

**1. 股價下跌的速度，比上漲的速度快上許多。**這個現象反映了人性投機的一面，因為多數人仍把買賣方便的股票視為投機商品，一有風吹草動，尤其是負面消息，就會急於獲利了結落袋為安，或是立即停損認賠殺出。由於出脫容易，也易於引發市場的暴漲暴跌，甚至觸發市場崩盤。投資人對較正面的消息或長期的趨勢，則是往往顯得相對保守許多，會吝於立即給予應有的全額股價上漲的鼓勵，傾向於只給予部分的獎勵，然後持續地留心觀察其後續表現，再伺機加碼。

房地產則是急漲緩跌，反映的是人們看待房地產和股票兩項資產類別的根本性差異。房地產是多數人一生擁有最大的資產，不會輕易轉讓，而且牽涉的金額龐大，買賣人數比股市少很多，住客清空費時，換手率低很多；不像股票可以立即成交，因此房市的波動會比股市小很多。如果房地產有利多消息，通常很快就會反映在房價上。但如果是利空，人們會有敝帚自珍的心理，不願面對自己最大的資產價格已遭下修，通常需要過些時日才會逐漸接受事實，因此，房地產的利空跌勢往往會較緩慢。

**2.「做多」最多虧損100%，但回報可能是無限大。**股票價格的最終上漲幅度是無限大，可能漲100%也可能漲100倍，這也就是為何大多數的投資人會懷抱夢想，樂於參與股市投資的主要原因之一。在不借錢投資的前提下，買股票最多就是把當初投入的本金全部輸光，虧損100%而已。也就是說，會因投資股票而傾家蕩產者，只有一個原因，那就是借錢買股票所致。

**3.「放空」最多只能賺100%，但可能會傾家蕩產。**放空股票的獲利空間，最多就是你投入的所有資金，也就是被你放空的股票下市。然而，放空股票

的虧損空間則會是無限大,若你放空的股票起死回生一直上漲,便有可能讓你傾家蕩產。這也是大部份的投資大師都反對散戶進行股票放空的原因:沒有理由放棄一種獲利可能性是無限大,而虧損的可能性最多就是100%的操作方式;反而去選擇獲利可能性只有100%,但虧損的可能性是無限大的操作方式。

## 成功的股票投資者財產累積驚人

**多數人的財產是接近退休時賺到的**。一般而言,退休前一年的薪資水準會是你工作生涯中最高的期間。離開職場到離世的期間,資產將只會減少,

圖 1-1 作者 29 年來,投資資產累積趨勢

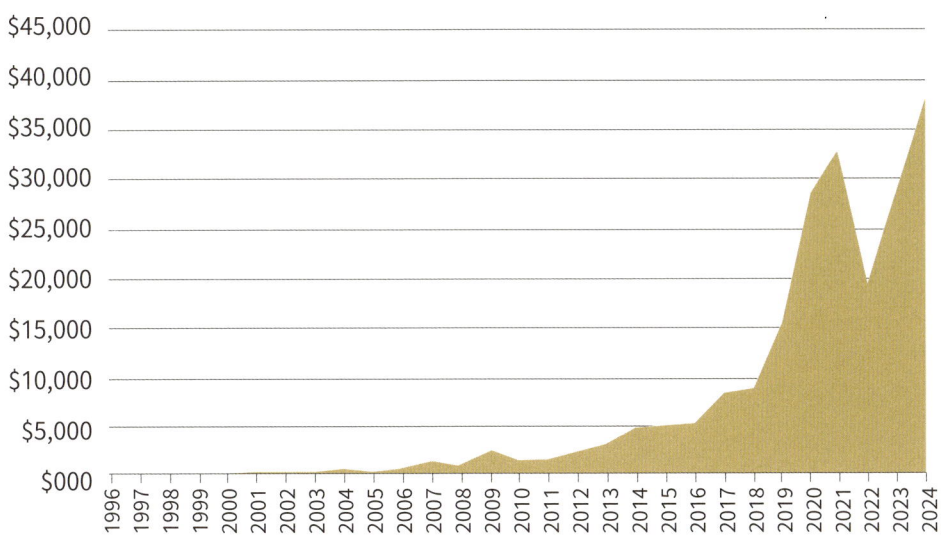

說明:座標縱軸數字為倍數,參考年限為 1996 年至 2024 年　　資料來源、繪圖:作者

不會增加。如果活得太久，那可能就會有麻煩。但是，成功投資人的資產反而會隨年紀而快速地增加。

如果是長期的成功股市投資人或事業經營者，而且不是太晚才開始投資或經營事業的話；由於時間複利的作用，資產會隨你的年紀而如拋物線一樣地快速急速地成長；而且年紀愈大，增長的幅度會愈來愈明顯，也就是人生後期佔一生總資產的比例會愈來愈大。巴菲特現有的財產裡有95％以上是在他50歲以後累積而來的。如（圖1-1）所示，截至目前，我的這個數字是80％。

**每個人一生只要看對幾檔股票，就能非常富有**。包括巴菲特、查理‧蒙格（Charlie Munger）、彼得‧林區、菲利普‧費雪等著名的投資大師都表示過：只要耐心等待、嚴格遵守紀律、長期投資；整個投資生涯不用多，只要押對2至3檔股票、機會來時投入所有的資金，長期持有；即使你是靠薪水結餘來投資股票的散戶投資人，也會變成大富翁。

---

1. 門薩（Mensa）學會成立於1950年，創建宗旨在於聚集智力超群的人士，促進交流與合作。之後逐漸發展成為一個國際組織。該學會在智力測試方面嚴格把關，也在各種社會和文化活動中扮演重要角色。
2. 讀者可以利用「附錄3」的工具程式，輕易算出這些數字。

## 02 散戶的迷思

「話說『懷抱希望』是一種人性特質，那麼『心懷恐懼』亦然。」

——傑西・李佛摩（Jesse Livermore）

## ▎金錢能買到名氣，但買不到績效

其實，投資大眾最常見的幾個迷思就是：

**1. 把知名度和能力掛勾！** 散戶最大錯誤就是把知名度和能力掛勾，這樣的行爲其實和青少年的追星行爲沒有兩樣。相信權威，盲目崇拜具有知名度或高曝光率的財經專家、網紅、學者、或名人。

很少人會問自己一個很基本的問題：我爲了提升投資報酬而追蹤或崇拜的這些人生涯實際的投資年化報酬率數字是多少？人設、知名度和曝光度可以拿錢堆積出來，但錢是買不到績效和投資能力的！

**2. 過度崇拜華爾街。** 多數的投資人內心都認定華爾街在投資上擁有點石成金的魔法，在第二章「基金的投資報酬」小節，長期評估基金績效的三大單位的統計數據指出約 80% 的基金的投資報酬率不如大盤。而且客戶能放進口袋的，在扣掉各種名目和高昂的佣金和手續費後，更是所剩無幾。

巴菲特在 1991 年波克夏（Berkshire Hathaway）的股東信中寫道：「如果我們必須借助穆迪（Moody's）或史坦普（S&P Global）的信用評分來決定投資與否、不如將錢交給這兩家公司操作算了。」

**3. 迷信成功人士**。一般人認為社會名流、成功人士、高收入者、或高階經理人多數很有錢，但這些人通常不會是好的投資者，這點就會顛覆大部份人的認知。成功人士很富裕、很有錢沒錯；但他們的錢幾乎都是靠專業知識、任職高階經營團隊，或做生意賺來的，和股票投資一點關係也沒有。

**4. 收看財經節目**。財經學者會夾雜艱澀詞彙、數學公式，或財務模型來展示自己的專業；當你聽不得懂時會懷疑是自己的問題而接受他們的看法。專家和網紅要嘛是只會錦上添花的企業啦啦隊長、慫恿散戶追高殺低，不然就是做一些從來沒準確過的預測；討論的永遠是熱門股，只會報喜不報憂地討好閱聽人。他們從事的是娛樂業，主要的收入是來自收視率、流量、和點閱率。

你應該要做的是直接關掉電視和行動裝置，這樣不僅節省寶貴的時間，更重要的是能避免被洗腦植入錯誤的投資觀念。

## 散戶比法人更具優勢

**1. 法規限制**。美國證券交易委員會（SEC）規定，資產規模超過 1 億美元及以上的機構投資者，必需呈報季度報告，強制揭露期間的投資對象及金額。不得持有任何一家公司超過 10%的持股，對企業持股 5%以上必須在 10 天內呈報，如果受益人持股有超過 1%的變更時要呈報，而且不能把 10%以上的資金投入單一上市企業的股票。

新股上市期間，機構投資人在 180 天的閉鎖期內不得賣出。台灣則規定股票型基金有資金需持股 7 成以上的規定，不允許資金長期閒置。

**2. 客戶壓力。** 除了要面對客戶質疑不佳的報酬率外，基金還需要面對客戶贖回的壓力。在市況不佳時，尤其是市場崩盤時，客戶會蜂擁而至競相贖回。為了籌措贖回所需的現金，只能被迫賣出；這是市場崩盤期間加速股市下跌的主要原因。

**3. 法人交易潛規則多。** 散戶交易可按自己的意志、時間、和投資原則行事。但是機構投資者除了法規限制外，公司內部還有更多不合理的規則。凡事逐層審查曠日廢時以致於喪失投資先機、諸多潛規則需要遵守，以及被迫買入明知不會有好報酬的股票等。由於資金龐大，建倉和出脫持股都需要花很長的時間，反應較慢，績效當然不佳。

因為法規的束縛，機構投資人很少投資小型股。但超級成長股剛上市時都是小型股，他們漲勢最凶猛的階段都是在剛上市的前幾年處於小型股的階段。光是這一點，身為散戶就是一件很幸福的事。

## 「飯碗」比績效更重要

績效考核是機構投資人面對的最主要壓力；為保住飯碗，只求不要大幅落後同儕。不會去買真正看好的股票，而是買同儕們都看好的股票；他們的心態就是「我不追求多高的報酬率，但不能輸我的同行太多」。競相追求短期的績效，不可能長期投資，結果就是較差的績效。

通常最容易看到的就是**官僚拖累投資績效**。所謂人多好辦事，客戶、資金、和充沛的資源這些對一般企業的業務績效有絕對加分作用的正面因素，

在股市投資上統統派不上用場。雖然機構法人的規模都很大，這是因為他們的主要收入是來自於客戶的規模所繳交的各種佣金和手續費，不是靠投資的績效所賺來的錢。養那麼多人是因為需要銷售擴展客戶人數，企業規模和投資績效一點關係也沒有，甚至是拖累。波克夏的重大投資決定，絕大部分是由巴菲特一人所為，少數案例會和蒙格討論，加起來也就兩個人。

### 典型的「頑固」堅持

**1. 懶惰**。這是我認為，多數人投資無法成功的最大原因，更危險的是，很少人願意承認自己的懶惰。

《彼得林區選股戰略》一書中寫道：「難怪人們在房地產市場上賺錢而在股票市場上賠錢。他們選擇房子時往往要用幾個月的時間，而選擇股票只用幾分鐘。事實上，他們在買微波爐時花的時間都比選擇股票時多。」他更在1994年在全國新聞俱樂部（National Press Club）演講時提到：「每個人都有在股市賺錢的腦力。但問題是你是否有勇氣，是否願意為此付出一點努力？」

大部份的投資人只花1分鐘下單買股後，就希望股價能在短期內奇跡似地大漲後獲利了結。漲跌的原因不想知道、下單前不作功課、也不定期檢視績效、沒有股票追蹤清單、也不關注市場動態，結果就是追高殺低、賺少賠多、恐慌性賣出，難怪會造成累積性巨虧。請大家捫心自問：你曾經像上班一樣每天至少付出8小時研究股市和你買的股票嗎？如果沒有，那你認為想從股市賺取比上班還要多的報酬，是否合理呢？

**沒時間是懶惰的最合理藉口**，天下沒有白吃的午餐這句話，放在投資上

還是成立的。不要幻想投資的世界有任何捷徑或武功秘笈；沒有付出努力和相對的心力，投資不可能成功，天上掉餡餅的事只可能在童話故事裡出現。筆名亞當‧史密斯（Adam Smith）的喬治‧哥德曼（George Goodman）發現，那些想在華爾街賺錢的人，很少為他們的投資付出過努力；而那些付出了努力的人，他們所獲得的，則不僅僅只是財富。

**2. 找藉口**。最常聽到的藉口是「我要上班，我沒有那麼多時間」。每天卻花幾小時追劇、滑手機、忙著參加聚會、聊八卦，卻連自己買的股票的那家企業到底是賠錢或賺錢，都不想知道。

多數人在股票投資上賺了點小錢，就大聲四處宣揚，彷彿就怕大家不知道自己有多英明。反觀賠錢了就開始怪東怪西；怪媒體、怪網紅、怪名嘴、怪投顧老師、怪證券商、怪自己讀過的書、怪運氣不好、怪市場下跌、怪上市公司不爭氣，橫豎就是不會責怪自己。

**3. 這次「不一樣」**。傑西‧李佛摩在《股票作手回憶錄》（Reminiscences of a Stock Operator）一書中就指出：「華爾街上根本沒什麼新鮮事。今天，不管股票市場發生什麼事，以前都發生過，將來也會再度發生。」1993年，約翰‧坦伯頓（John Templeton）在《World Monitor》雜誌上寫的文章〈投資成功的十六個法則〉（16 Rules for Investment Success）中提到：「其實『這次不一樣』才是英文裡，代價最高的一句話。」

人們總是相信自己是上天最眷顧的那個幸運兒，敝帚自珍地堅持自己看上的這家公司，和其它公司不一樣、它的股票不會跌只會漲、會由谷底翻揚，反敗為勝，把自己昔日賠掉的錢通通都賺回來。

**4. 過於自信**。自大其實是來自於無知，自以為比別人聰明，不曉得或不

願承認天外有天，人外有人。只想取巧省事，認為下功夫研究股票的人全都是笨蛋，看電視聽明牌或直接看別人的結論比較聰明、省事、更有效率，或是根本就冥頑不靈，即便是證據、事實和結果都擺在眼前，依舊不願接受。

投資人很容易犯的錯誤就是過度自信，高估自己的聰明並且低估市場的險惡。著有《金融怪傑》（Market Wizards）系列叢書，親身訪問過無數成功投資人的傑克・史瓦格（Jack Schwager）總結：「誠實地自我評估自信，可能就是預測交易員成就的最佳指標。」

**5. 拔花為雜草澆水。**人們多傾向賣掉投資組合裡上漲的股票，卻保留虧損或表現不好的股票，原因實在令人費解。《彼得林區選股戰略》書中為這種行為取了個比喻叫：「拔掉鮮花，卻為雜草澆水。」正確的做法應該是反其道而行。

巴菲特也在1996年波克夏股東信中寫道：「要投資者賣掉最有利可圖的投資標的，只因為他們表現得太好，以至於佔了投資組合的絕大部份；這就等於是要公牛隊因為麥可・喬丹（Michael Jordan）在隊裡面的重要性太高，而把他交易掉一樣。」

傑西・李佛摩在《傑西・李佛摩股市操盤術》（How to Trade in Stocks）書中寫道：「利潤會好好照顧自己，不用你操心，但虧損就只有捅婁子的份兒，隨時都需要你的照料。」他在《股票作手回憶錄》一書中不斷提醒投資人：「永遠不要去攤平虧損的部位。」

諾貝爾經濟學獎得主「行為經濟學之父」理察・塞勒（Richard Thaler）提出「稟賦效應」（Endowment effect）[3]，用來解釋人們的敝帚自珍的行為，結果就是明明是爛股票卻高估其價值。他用「過度自信」來解釋投資人會受

到之前的獲利經驗的影響，導致自己莫名其妙地置身於更高的風險中；他用「處分效應」（Disposition Effect）[4] 來說明，**投資人通常會提早賣出賺錢的股票，但卻死命抱著賠錢的股票不放，才是造成賣盈保虧、愈攤愈平、一路追高的問題根源。**

**6. 追逐股票明牌**。大部份人認為明牌是有用的。投資人追逐明牌的目的無非就是想不勞而獲，夢想一夜致富。但在投資路上，大部份令你舒服愉悅的事，或大部份人都在做的事，通常都不可能賺錢。讓你感覺良好的事情，通常是錯誤的。

**7. 只知其然，不知其所以然**。到處尋求股市明牌的投資人就和在工作職場上只想知道問題解決時需要修改哪一個數字就好的人一樣，只想知道答案（股市明牌），沒興趣知道為什麼（花時間研究）。即使這檔明牌確實漲了（大部份的答案其實是否定的），然後呢？

你永遠不知道為什麼是這檔明牌會漲而不是另一檔（先不論通常答案是否定的）；結果就是只能仰賴其他人餵明牌，賣給你明牌。這也是為什麼會有那麼多人販賣明牌的原因，因為永遠都會有市場。

**8. 這與「買樂透」的道理一樣**。明牌的代價高昂，卻供不應求；買主也不調查賣明牌的人的投資是賺是賠？推薦這些明牌會漲的理由和根據是什麼？即使買了明牌不漲，永遠還是會繼續買下一張明牌。如果明牌不漲，則自我安慰下一張可能就漲了；這種行為和買樂透或去賭博並無差異，永遠陷在老鼠迴圈籠裡賽跑那般，永無止境的惡性循環裡，不只浪費你的辛苦錢，也耗盡了你寶貴的人生和時間。

**9. 不知股票為何上漲或下跌**。買明牌和相信投顧老師，永遠都不曉得股

價為何會上漲或下跌，當然會追高殺低，賺點小錢就落袋為安，一有風吹草動就恐慌出脫，不敢長抱。永遠在自廢武功，放棄學習靠自己發掘明星股的能力，失去累積投資經驗的機會，當然無法在股市裡賺到錢。這是人性，不會令人驚訝。**股市投資優於工作的地方是：你不需要在意別人的看法，堅持做對的事，你的投資成績，終究可以證明你的看法是對的。**

10. 妄想「不勞而獲」的心態。奉勸懶惰或想不勞而獲的投資人早點離開股市，因為你不可能賺到大錢，畢竟股市投資和花時間上班工作的道理並無不同。《股票作手回憶錄》一書中就說過：「一般人並不想知道是牛市還是熊市，只希望具體告訴他應該買進或賣出哪一檔股票。人們想不勞而獲，不想工作，甚至連思考都不願意。」

## 對基金和財富管理的期望過高

我個人完全不建議找銀行理財專員或財務顧問，理由很簡單：

首先是**銀行理專是想賺你的錢，而非幫你賺錢，遑論他們也沒有本事教你如何賺錢。**他們的專長是銷售，不是理財，更不是投資幫你賺錢。

銀行理專的工作是當業務員，他們的專長是如何說服你加入他們各項金融產品，成為付手續費、管理費、佣金的買家，據此賺取你手上的錢，這是他們收入的來源。至於你向他們所購買的金融產品是賺是賠，他們不會想知道，也不必知道。大部份的財務顧問都是掛著財務顧問名稱的銀行理專，只會找機會推銷各項金融產品給你，從中賺取佣金了事。不要期望你運氣夠好，或你的財務顧問不一樣。

這就為何巴菲特在 1994 年波克夏股東會上會很傳神地表示：「絕對不要問理髮師，你是否需要理頭髮。」

## 銀行挪用客戶資金，理專無法幫你理財

台灣金管會銀行局和相關主管機關及媒體披露，截至 2020 年 11 月，僅從 2012 年至 2020 年 11 月，台灣的銀行界一共出現 33 位理專挪用客戶資金、監守自盜的情況，20 家銀行遭金管會銀行局裁罰 1.82 億，當中包括你我熟知的外商銀行、本國銀行、大小型金融行庫、公民營都有，等於超過半數的台灣銀行都涉入其中。

這還僅只是監管單位接獲民眾報案的數字，實際的犯罪黑數恐怕是這個數字的好幾倍。挪用客戶的金額從幾百萬元到幾億都有，涉案行員通常都挪用多年，其中有些銀行還會一而再再而三地發生，根本罰不怕。簡而言之，這是台灣銀行界的普遍現象，台灣銀行界根本不把挪用客戶的資金當一回事，這種事在全球的銀行界，簡直是駭人聽聞。

事情還不僅於此，台灣銀行界近年來更一再傳出，行員串通詐騙集團或販賣客戶資料的離譜行徑，也難怪著名的美國金融整合商優利（Unisys）曾公佈，在亞太所有國家中，台灣民眾對銀行的信任度是倒數第二名！

## 沒有投資基金的理由

全世界的統計都一樣，在第二章「基金的投資報酬率」小節裡你會看到，長期評估基金績效的三大單位的統計數據指出約 80% 的基金的投資報酬率跑輸市場大盤。根據摩根大通（JPMorgan Chase）的統計，1999 年至 2019

年的 20 年期間,「標普 500 指數」年化報酬率達 6.1%,同期間,投資人的平均年化報酬率為 2.5%;但是持有共同基金的平均年化報酬率僅為 1.3%。事實擺在眼前,專家沒有比較行!

## ▍典型的錯誤投資行為

散戶投資人通常都具備以下幾個根深蒂固錯誤的觀念。這些都是眾人都在做、長期被洗腦、認為理所當然,但卻是完全錯誤的投資行為。一如矽谷著名的創投家彼得・提爾(Peter Thiel)碰到任何事情時會強迫自己思考的第一個問題「什麼東西只是約定俗成?什麼東西則是至理?」最可怕的就是被眾人深信不疑,但根本上就是不對的事。

**短線思考**

所有關於股票是較佳的理財投資方式的有利數據,都是建立在長期且穩定的投資方式的基礎上。但多數人是根據近日媒體報導的股價表現、財經頭條、法人的加減碼、企業評等的變化,和經濟數據的發布來決定股票的買進和賣出,一有風吹草動就當天改變決定;時常會在股價上漲或下跌達到 10%,就立刻獲利了結或認賠脫手。

這種短線的思考邏輯和投資的行為模式,充滿著許多不合理性和潛在的風險,根本上已經喪失參與股市投資能獲取的最大好處,不可能為你帶來滿意的報酬。比爾・蓋茲在《擁抱未來》(The Road Ahead)一書中寫道:「人們常常高估未來 2 年將發生的事情,而低估 10 年將發生的事情。」

## 近期偏見

巴菲特在 2001 年《財星》（Fortune）雜誌裡發表過一篇名為〈巴菲特談股市〉（Warren Buffett on the Stock Market）的文章，他在其中便曾表示：「人類的自然傾向是堅持自己的信念，特別是這些信念會透過我們性格上的缺陷，使最近的經驗被強化；而這個現象與長期牛市和長期停滯期間發生的情況有關。」人類的天性會對近期的記憶、經驗、或認知自動給予較高的優先權或較高的評分。這種動物的本能其實恰好會阻礙我們的投資的成功機率，因為**大部份的投資能夠成功，仰賴的是長期性、一致性和穩定性**，這三個要素正好和人類的近期偏見相抵觸。

投資人通常會選擇投入購買去年或上一季在市場上表現最好的幾檔股票，撤出相對表現較差的股票。可是投資人忘了一件最要緊的事了，通常去年或上一季在市場上表現最好的股票，表示這些股票都已充分反應股票的內在價值，價格已經完全反映在市價上了，因此股價接下來繼續大漲的機率是較低的。葛拉漢在《智慧型股票投資人》一書中就告誡投資人：「投資人不能僅以過去的記錄作為未來的指導。」

## 對內線消息的不當幻想

許多人對靠內線交易發橫財存有多有不切實際的幻想。確實有人透過內線消息獲利，但內線交易在任何國家都是嚴重的犯罪行為，而且現在科技發達，只要有不正常交易或不尋常的漲跌很容易就會被偵測得到。投資人不要心存僥倖，犯法的行為一定逃不過執法人員的追查。

內線消息不僅不要嘗試，連這種念頭都不應該有。而且見諸媒體的內線

消息獲利,都是短線的獲利,不是長期可持續的獲利方式。畢竟一般人不大可能有機會獲取真正的內線消息,也因此有人會投資不成,反遭聲稱握有內線消息者詐騙。《傑西·李佛摩股市操盤術》(How to Trade in Stocks)書中寫道:「在這本書的第一頁,我建議你寫下——不,最好用墨水列印出來:小心內線情報,所有的內線情報。有句話說得再明白不過了:在投資這個領域,成功只屬於那些努力的人。不可能會有輕鬆賺來的錢。如果有不勞而獲的錢,沒有人會強迫把它塞進你的口袋的。」

和李佛摩同年代的伯納德·巴魯克與李佛摩一樣,都曾在投資生涯的早期,誤信朋友提供的小道消息,進而賠光年輕時的家底,心中後悔不已。

《股市大亨開講》(Warren Buffett Speaks)一書中,曾經記載巴菲特被問及為何放棄在紐約工作,因為在那裡他可以更接近金融市場和相關的內線消息時,巴菲特回應表示:「若有足夠的內線消息以及 100 萬美元的資金,你 1 年內肯定就會破產。」

## 牛市入場,熊市奔逃

散戶典型的投資行為就是:牛市時個個誓言要長抱持股,以取得時間複利,但只要一有股市不利的消息、市場陷入修正、步入熊市、甚至崩盤時,二話不說立即賣光持股當觀眾,還自認聰明地慶幸自己跑得快,避過可能的虧損!等到市場反彈,股價一再上漲,確認不再大幅下挫時才回過神來,重返市場。

當所有人都認為安全時,往往也正是牛市股價高不可攀的時刻,此時進場能獲得的報酬已很有限,風險往往更大。最後結果當然是買高賣低,永遠

賺不到錢！

## 職場工作技巧，並不適用於股市投資

人是社會化的動物，而在職場浸淫幾十年所形成的思考方式，加上潛移默化之下所養成的習慣，讓人即使退休離開職場都極難改變。這是職場工作對人類造成的最大傷害，而且是造成多數人投資績效不佳的根源。

### 職場「羊群現象」造成平庸化

職場生存必需妥協，講究階級權威、工作倫理、服從、揣摩上意、放棄自我、尋求一致的意見、以公司利益而不是個人利益為考量、不容許不同的意見。為了取得同儕的認同，必須察言觀色，花時間和同事進行社交，時間會使上班族被職場潛規則同化。

買進眾人一致看好的股票，績效也會和眾人相同，不可能有超額報酬。職場對人類最大的傷害就是放棄自我和平庸化，結果就是停止思考。人有慣性，習慣養成後，要改變很困難。習慣養成之初，總是很難被發覺，等到想要破除習慣的時候，這才發現一切已積重難返。

### 合群是成功投資人的最大敵人

**1.「合群」是思想狹隘的根源**。合群是投資成功者的大敵，因為成功的投資人必需形成自己的思考模式，發掘事實，並且擁有與眾人意見不同的勇氣才行。我們是在投資，而不是在投票，群眾卻永遠是盲目的，在股票市場

尤其是如此。拉爾夫‧愛默生（Ralph Emerson）在《自立》（Self-Reliance）一書裡有句發人深醒的話：「愚蠢的一致性是心胸狹窄的人的妖怪，但卻受到政治家、哲學家和神學家的崇拜。」

**2. 事業有成者，投資不見得如意。**高階經理人容易自負，對人頤指氣使慣了，聽不進其它的意見。能夠步步高升靠的是鬥爭技巧和人脈經營，但也必須為此付出代價。然而，這些技巧放在投資上，統統派不上用場。

忙碌的高階經理人總有開不完的會和出不完的差，不可能投入基本的投資研究，優渥的薪酬能承受較大的虧損，不會用心改善投資績效。任何事情的經營包括投資，若沒有全力的付出都不可能獲得成功。我周遭事業有成的高階經理人，多數人的投資成績都慘不忍睹，薪資優渥是事實，但多為左手進右手出的月光族，談不上財產配置或其他投資規劃。

## ▋大盤指數基金和懶人投資法才是王道

長期以來的統計數字都顯示，絕大部份的股市投資人，不論投入多少心力，終究只是賠錢賺吆喝。但人們總是無可救藥樂觀地相信自己會是那少數的幾個賺大錢的幸運兒。第二章你會看到詳細的統計數字：不僅約 80% 的基金的投資報酬率不如大盤，各國的股票投資人約有 7 至 8 成是虧損的。歷史已證明，妄想打敗市場是不可能的任務，多數的投資人應勇於承認自己不適合自行選股，犯不著和自己的血汗錢過不去。

由於股市長期趨勢是上漲的、沒有永遠存在護城河的企業、好公司非常罕見；主動選股能打敗大盤的機率實在太低，並非人人都適合投資個股。不

需打理的懶人投資法,或是能自動取得股市大盤平均報酬的指數投資,就具有很大的優勢,適合大多數的投資人採用。

**多數投資人應採懶人投資法**

所謂懶人投資法是指:買過就忘了它、你所買入的標的不需要打理、不需要花時間進行研究和追蹤,買入的標的長期而言,股價會持續上漲,但不能奢求它大幅上漲。如果有不錯的現金殖利率,再加上長期報酬都能打敗大盤,那就更完美不過了。兩大信用卡網路企業威士卡(Visa)和萬事達卡(Mastercard)就是很好的懶人投資法的投資標的。適合長期持有的投資標的,通常都已歷經市場多年的檢驗,不會無緣無故地大幅波動。為股東賺錢是他們的工作,就讓這類上市企業在你睡覺時,為你賺錢吧!

然後不管市場走勢,定期定額地利用閒錢來進行投資,這樣即使把錢虧掉,也不會影響到自己的財務狀況。把證券商寄來的投資月結單通通丟進垃圾桶裡,不要隔三岔五地關注你的投資標的,**股票不會因為你過度關心或毫不理會而停止它該有的漲跌。**

**「指數基金」是相對較佳的選擇**

所謂的指數化投資就是買入追蹤市場主要大盤指數的投資方式。反對採用指數化投資者的主要理由是:這將會放棄成功打敗市場的機會。問題是,長期以來的統計事實是,包括專業的基金經理和散戶,超過 3／4 的投資報酬都遜於大盤的表現。

**1. 投資人不甘於平庸。** 多數投資人寧可反其道而行,不甘平庸,不願意

接受輕鬆不需要投注心力但能持續取得平均報酬的投資方法。

《投資終極戰》（Winning the Loser's Game）一書寫道：「幾乎所有關於投資的『指南』書籍都承諾散戶可以擊敗專業投資人；他們不可能辦得到。專業投資人也沒有戰勝市場；而是市場打敗了他們。」在第二章第一部份的「投資報酬率」證明多數投資人就是無法取得優於市場的回報，對一般人而言較合理的作法應該是尋求至少取得和市場一致的報酬才是明智之舉。較好的策略反而是：**如果你無法擊敗大盤，那就把自己變成為大盤。**

**2. 別相信理財業者的話術。**理財業者會散佈，指數化投資者是笨蛋、失敗者和不負責任者才會使用的投資方式。四處鼓吹指數化投資是輸家的投資方式，這是因為此舉影響了他們主要的收入來源：佣金和手續費。他們希望

表 1-5 美股資產規模前十大的指數型 ETF

| 美股代碼 | 追蹤標的 | 名稱 |
| --- | --- | --- |
| SPY | 標普 500 指數 | SPDR S&P 500 ETF Trust |
| IVV | 標普 500 指數 | iShares Core S&P 500 ETF |
| VOO | 標普 500 指數 | Vanguard S&P 500 ETF |
| QQQ | 那斯達克 100 指數 | Invesco QQQ Trust |
| VUG | 美國大型企業的成長股 | Vanguard Growth ETF |
| VTI | 美國市場所有上市股票 | Vanguard Total Stock Market ETF |
| AGG | 彭博美國綜合債券指數 | iShares Core U.S. Aggregate Bond ETF |
| BND | 彭博美國綜合債券指數 | Vanguard Total Bond Market ETF |
| IEFA | MSCI EAFE IMI Index | iShares Core MSCI EAFE ETF |
| VXUS | 富時全球全股指數（美國除外） | Vanguard Total International Stock ETF |

資料來源、製表：作者

你頻繁買賣個股、投資股票基金或是特定產業的 ETF，這樣他們便可繼續糊弄投資人，從中獲取龐大利益。

在 2014 年波克夏的股東信中，巴菲特曾寫道：「大多數顧問在收取高額費用方面的實力，遠高於在收取高額回報方面的能力。事實上，他們的核心競爭力就是銷售。」

## 「指數基金」就是懶人投資法

追蹤大盤指數的 ETF，就是很典型的一種懶人投資法，其它類型的 ETF 和股票基金或主動選股是一樣的，並不值得投資。台股目前並沒有追蹤代表台股市場加權指數的 ETF，而追蹤大盤指數的 ETF 中，又首推追蹤美股「標

| 淨資產規模<br>(美金10億) | 發行商 | 年度持有成本<br>（百分比） | 過去10年<br>總報酬率 | 過去10年的<br>年化報酬率 | 現金<br>殖利率 |
|---|---|---|---|---|---|
| 576.01 | 道富 | 0.095 | 135.96% | 8.97% | 1.28% |
| 506.74 | 貝萊德 | 0.03 | 140.08% | 9.15% | 1.38% |
| 463.57 | 領航 | 0.03 | 141.47% | 9.19% | 1.36% |
| 424.08 | 景順 | 0.2 | 295.80% | 14.75% | 0.64% |
| 334.51 | 領航 | 0.04 | 201.21% | 11.65% | 0.52% |
| 247.69 | 領航 | 0.03 | 126.98% | 8.54% | 1.36% |
| 98.38 | 貝萊德 | 0.03 | 12.19% | 1.14% | 3.71% |
| 72.99 | 領航 | 0.03 | 13.06% | 1.23% | 3.65% |
| 68 | 貝萊德 | 0.07 | 14.31% | 1.32% | 3.23% |
| 56.12 | 領航 | 0.05 | 8.46% | 0.77% | 3.15% |

普 500 指數」的 ETF。因為追蹤的指數和報酬都相同，投資人唯一的要挑選的就是持有成本。由於費用差距極大，最好是用美國線上券商戶頭、購買由美國業者發行的「標普 500 指數」的 ETF，再從中挑選費用最低者就行。

（表 1-5）就是以淨資產規模而言，美股的前十大指數型 ETF，以及 2015 年至 2024 年 10 年間的報酬率統計，數字統計至 2025 年 4 月 8 日止。

在 1993 年波克夏的股東信中，巴菲特寫道：「透過定期投資指數基金，一無所知的投資者實際上可以勝過大多數投資專業人士。」在 2020 年波克夏股東會上，巴菲特表示：「在我看來，對大多數人來說，最好的選擇是持有『標普 500 指數』基金。人們會試圖向你推銷其他產品，因為這樣做能讓他們賺更多錢。」

在 2016 年波克夏的股東信中，巴菲特寫道：「多年來，我經常被問到投資建議，在回答這些問題的過程中，我對人類行為有了深入的了解。我常推薦的是低成本的『標普 500 指數』基金。」波克夏在 2019 年第 4 季也曾買進領航 S&P 500 ETF 以及道富 SPDR S&P 500 ETF Trust，這可是波克夏史上首次持有指數基金喔！

3. 或稱厭惡剝奪，是行為經濟學中相當重要的概念。意指當某人擁有某項物品時，他們會「過度高估」該樣物品的價值；反觀當他們被迫放棄或被剝奪了此一物品時，亦會感到強烈的失落感和負面情緒。
4. 又稱錯置效果，意指投資人傾向於出售增值的資產，並且同時持有價值下跌的資產。

## 03 性格決定一切

「獨立思考、情緒穩定以及對人和投資機構行為的敏銳理解,對於長期投資成功至關重要。我見過很多非常聰明的人,多半缺乏這些美德。」

——華倫・巴菲特(Warren Buffett)

### ▌性格是投資成功的關鍵

性格是投資人會面對到的所有的挑戰中,最困難的一部份。每個人都有自己獨一無二的特質,個性很難用文字描述,沒有一定的表現方式,但影響卻是全面性的。我個人的經驗、閱讀過的書以及從少數值得世人仿效的投資大師身上所歸納得出的心得是:隨著經驗的累積,我堅信這才是投資生涯能否成功的關鍵因素。

人是極度複雜的動物,除了天生,後天的人生歷程、年紀、學習、教訓,都會刻劃屬於每個人獨有的性格。性格和社會地位、智商、或學歷這些多數人看重的因素關聯性較低。心理學大師卡爾・榮格(Carl Jung)有一句名言:「性格決定命運」。性格也是所有成功投資人必備條件中,最具決定性的一項,也是最難改變或養成的一項,因為人的性格多半都是與生俱來的。

個性,別人幫不了你,你自己要願意改變,即使改變不大,但影響往

往都是巨大的。《傑西·李佛摩股市操盤術》書中寫道：「股票不是一款適合愚蠢、精神懶惰及情緒低落的人，亦或是想要快速致富的冒險家參與的遊戲。他們將死於貧困。」

1985 年巴菲特首次上電視，接受美國公共電視台（PBS）「亞當斯密的金錢世界」（Adam Smith's Money World）節目採訪，談到投資人最需要的關鍵特質時曾說過：「這是一種性格特質，而非智商程度。在這個行業裡，你不需要很高的智商。你不必會下 3D 象棋，也不必在打橋牌時名列前茅。你需要的是穩定的性格，一種既不會從與人群相處中獲得快樂，也不會從與人群對抗中獲得快樂的特質，因為這不是進行民意調查的行業，而是一門生意。這與旁人的意見無關，重要的是你的想法。」

## 大師們一致的共識

1938 年凱因斯在「國王學院產業管理委員會」（King's College Industrial Management Committee）的發言中提過：「在資本市場的現代組織中，持有公開發行股票的投資人，必須比持有其它形式資產的人更冷靜、有耐心及毅力才行。」凱因斯對一位同事說，**投資要成功，其實「性格比邏輯思考重要」，所需要的是當眾人都失去理智時，還能鎮定的能力。**聰明的投資人只要擁有內在價值和安全至上等概念，明白市場不只是投票機器，也是度量的機器，那麼便很容易培養出投資成功所需的正確性格。

《智慧型股票投資人》一書寫道：「有些人儘管他們對金融、會計和股票市場擁有廣泛的了解，但卻明顯缺乏投資必須具備的性格，這些人和在性格上非常適合投資過程的人相比，後者所能賺取和留住的資金，往往會多出許多。」

《彼得林區選股戰略》一書寫道：「決定投資者投資成敗的關鍵，在於投資者的耐心、獨立精神、基本常識、對痛苦的忍受力、坦率、超然、堅持不懈、謙遜、腦袋靈活、願意進行獨立研究、同樣願意承認錯誤，以及不受普遍恐慌影響的能力。」

《投資終極戰》一書寫道：「投資管理不是在別人的遊戲中打敗別人，而是在自己的遊戲中，控制自己。」投資人能對自己性情控制與否，決定了你最終的投資績效。如果你想以投資做為終身的職業，那麼首要任務就是「瞭解自己」！

《金錢遊戲》（The Money Game）書中寫道：「股票並不曉得你擁有它。」如果你並不瞭解自己，那麼你在股票市場裡會找到答案的，可是你所付出的代價將會非常高。而我們所需要的就只是：保持冷靜！並且要能夠在投資大眾過度反應時，反而能夠藉此獲得好處。

## 要瞭解自己的個性

每個投資人都應該先對自己要有清晰的認識，也就是對自我性格的瞭解，因為這是投資成敗的決定因素，我建議讀者進行一次有名的 DISC 測驗[5]。就好像大聯盟的球探，在全球到處發掘年輕有潛力的投手時，主要的觀測項目就只有一個：球速。因為球速幾乎是與生俱來的，透過後天的訓練獲得改善的空間很有限。

如果你充分瞭解自己的性格，尤其具備紀律和耐心等有助於投資的人格特質，那我要先恭喜你，因為你在投資的成功要素上，已比多數人具備了更多的先天優勢。但這並不代表你對於大部分投資人會犯的投資錯誤，可以完

全免疫，畢竟這是指相對多數人而言，程度上的差別罷了。更不表示性格特質適合的人，投資就一定能成功；當然也不代表性格特質較不吃香者，便沒有成功的可能性。擁有天分的人，只代表你具備某種程度上的優勢；投資要能成功的必要條件很多，性格特質只是其中一項關鍵，投資人應儘早認識自己並要善用上天賦於你的優勢，付出努力，否則一切還是枉然。

## ▌有利於投資的性格──決心最重要

我們不一定要比別人更聰明，但卻必須要比別人更有自制力和決心。雖然人的大部份性格主要是由先天決定的，但這並不表示大家就應該要就此躺平；透過後天的努力，還是能改善，關鍵在於你的決心。

另外，諸如閱讀、獨立思考、追求事實和可靠性、知錯能改等，主要卻是後天的付出決定的，透過經驗、學習，還是可以培養出影響你一生的人格特質。所有的特質其實都在於你是否有心想達成，是否有決心要讓自己變成理想中的那個人。

### 長期思維──資產累積需要時間，才能產生複利

巴菲特在 1996 年波克夏股東會上說：「若你不願意持有這檔股票 10 年，那你甚至不必考慮持有它 10 分鐘。」

時間產生的強大複利力量，是人類無法改變或控制的。我們除了儘早投資之外別無他法，因為人的壽命長度差不多，自己能活多久，實在很難控制。他在 1974 年的《富比士》雜誌專訪中表示：「我從未想過要在股市上賺錢。

我買入的前提是他們可以在第二天關閉市場,並在 5 年內不會重新開放。」

美國第一位獲得諾貝爾經濟學獎的保羅・薩繆森(Paul Samuelson)在 1985 年《紐約時報》(The New York Times)上的一篇文章裡做過一個非常生動的比喻:「投資應該更像是看著油漆變乾或看著雜草生長。如果你想刺激一點,花上美金 800 元到拉斯維加斯就可以達到目的了。」所有的資產累積都需要時間,這樣才能產生複利。包括想在股市累積滿意的財富,長期投資是必要條件,但多數人很難接受這個事實。在 2019 年波克夏股東會上,巴菲特曾說過:「有兩樣東西是無法用金錢買到的:時間和愛。」

## 耐心

巴菲特在 2001 年波克夏股東信中寫道:「無論你多麼努力有天賦,做任何事總要花點時間。即使你讓 9 名女性同時懷孕,也不能在 1 個月裡生出孩子。」巴菲特於 2006 年接受查理・羅斯(Charlie Rose)訪問時說道:「賺錢最重要的是時間。你不需要特別聰明,你只需要多一點耐心。」他在 1998 年波克夏股東會上表示:「我們不會因活動而獲得報酬,只是因為做對了。至於我要等多久?我想我應該會無限期地等待。」

《股票作手回憶錄》一書中有段生動的描述:「我能夠賺進大錢,絕不是靠我的想法。能賺大錢,總是靠我縮手不動。縮手不動,懂嗎?市場並沒有打敗他們,是他們打敗了自己;儘管他們有頭腦,但他們卻無法安坐。我認識許多人,他們能在正確的時間做出正確的判斷,在股價處於應該獲得最大利潤的水平時開始買入或賣出股票。但他們並沒有真正從中賺到錢。既判斷正確又能穩坐的人並不多見。我發現這是最難學的東西之一。但股票操作

者只有牢牢掌握了這一點，才有可能賺大錢。」

20世紀中葉，全球最富有的大亨保羅·蓋提（Paul Getty）在他所寫的《億萬富豪的獨白》（How to be rich）一書中表示：「在股票市場上賺錢是可能的，而且是賺大錢。但這不可能一蹴而就，也不可能用隨興的買賣來完成。巨額利潤屬於聰明、細心、有耐心的投資者，而不是魯莽和過於急切的投機者。」帕斯卡（Blaise Pascal）在他的《思想》（Pensées）一書中寫道：「人類的所有問題都源自於，人類無法獨自安靜地坐在房間裡。」

## 紀律

2011年由印度新德里電視台（NDTV）播出，巴菲特與阿吉特·賈恩（Ajit Jain）一起在印度接受的一場訪問，巴菲特表示：「股票有漲有跌，沒有一場遊戲是對你是絕對有利的。但是要想在這場遊戲中獲勝，而大多數人都做不到，你需要紀律來形成自己的觀點和正確的性格。」、「你需要有說『不』的紀律。」

賈恩則表示：「如果你有說『不』的紀律，並且不願意讓別人強迫你說『是』，那你就具備說『不』的紀律了。如果你有這樣的紀律，你就已經成功了50%以上了。」

巴菲特表示：「在人生中，不要做這樣的事情：如果有人問你為什麼這麼做，你的答案是『其他人都在這麼做』。我的意思是，如果你能擺脫這一點作為生活中從事某項活動的理由，那麼無論是在股市還是在其他任何地方，你都會過得更好。」

巴菲特在2004年波克夏的股東會上說：「如果你不能控制自己，無論

你在這個過程中運用了多少智慧,你都會遇到災難。查理和我都見證了這一點,這不是一個需要非凡智慧的行業,但這確實需要非凡的紀律。」

紀律的關鍵在於自我堅持的能力,這是你所能控制的,沒有任何藉口和責怪他人的餘地,別人也幫不上忙。如果自制力不是你的強項,試著提高,尋求協助或者盡力訓練。現在科技發達,美國線上券商交易系統功能強大,都會提供長期限價單買入、長期停損單賣出、觀察名單上漲和下跌價位或百分比的即時通知,加上各種交易的自動執行功能。除非你對持股漠不關心或懶惰,否則根本沒有理由抱怨錯失任何交易。切莫做盯盤這種浪費時間的事,崩盤時不要關注你的持股,否則最好在你大幅虧損或浪費時間之前,盡快離開股市。

傑克‧史瓦格在《成為金融怪傑》(The Little Book of Market Wizard)一書中強調:「當我詢問投資成功的金融怪傑們時,他們自認為和大多數交易者之間的差異,最常見的答覆是『紀律』。」

## 勇於與眾不同

巴菲特在《人生勝利聖經》(Tools of Titans)一書中表示:「成功人士與極度成功人士的區別在於,後者對幾乎所有事情都說不。」所謂在眾人覺醒之前,要有如《孟子‧公孫丑》所載:「自反而縮,雖千萬人,吾往矣!」也就是培養千山我獨行,忍受孤獨的勇氣。

群眾、媒體、同事、親友、權威、專家、社會的共識、社群網路,時常都是股市投資的反指標。要抗拒這些東西很困難,但卻是必需的修煉。成功的人,從來就不會在意別人的眼光,所有成就大事者,一開始總是孤獨的。

愛默生在《勇氣》（Courage）一文裡寫道：「無論做什麼，都需要勇氣。無論你決定採取什麼行動，總是會有人告訴你，你錯了。制定行動方針並堅持到底需要和士兵一樣的勇氣。」

**承受枯燥且耐煩**

長期投資人時常會因出現古怪、不正常的行為而遭受批評。如果你不投機或賭博的話，專業的投資將會很枯燥乏味。但若是你有投機或賭博的惡習的話，那你將會因此付出極大的代價。《原子習慣》（Atomic Habits）書中有一句發人深省的話：「阻礙成功的最大關鍵不是失敗，而是無聊。」《巴菲特＆索羅斯之致勝投資習慣》（The Winning Investment Habits of Warren Buffett And George Soros）一書中記載喬治·索羅斯（George Soros）說道：「如果你從投資獲得樂趣，如果你覺得投資很有趣，那恐怕不能賺錢，好的投資是很無聊的。」

1985 年，巴菲特接受美國公共電視台「亞當斯密的金錢世界」節目採訪時透露：「我一生當中也曾有過冒出很多想法的時刻，也有過什麼都想不出來的時候。如果這一周我有想法了，那我就會做點什麼。反之若沒有想法，我就什麼都不做。」投入時間，不厭其煩地進行基本研究，有時需要在投資作業上忍受繁瑣且例行的日常工作。但最重要的是願意長期等待買入機會，願意給公司足夠的時間，靜待股價慢慢上漲。

巴菲特在 2017 年波克夏股東信中寫道：「雖然市場一般都是理性的，但偶爾也會做出瘋狂舉動。要抓住那時候提供的機會並不需要很高的智商、經濟學學位、或熟悉華爾街的行話。投資者需要的是這樣一種能力：要既能

夠無視大眾的恐懼或狂熱，又能專注於少數簡單的基本面，願意在一段較長的時間內顯得缺乏想像力，甚至顯得愚蠢也很重要。」

## 「博學強記」在投資上，極具優勢

投資時需要蒐集關鍵資料進行判斷、花時間比對企業長期的表現、關注持有或有興趣的企業動向、比對企業的長期表現是否可持續，這些行為都牽涉到記憶力！

**1. 記性決定樣本數**。上市企業的數目成千上萬，人類的能力有限，無法同時記住太多事物。我很慶幸自己的記性不錯，對於研究過的上市企業、讀過的重要文章或是企業的重要事件，多年後還能烙印在腦海裡。

記憶力的好壞，決定你所能篩選出的企業樣本範圍，記性若不佳，就只能從媒體中獲得相關訊息、讓他人幫你思考，甚至是付錢請人為你過濾（買股票基金和 ETF 就是在做這種事）。不論是這三者當中的那一種，都不可能取得滿意的報酬，注定會錯過真正值得投資的企業。因為你只能從容量很有限的魚缸裡而不是大海中捕魚，而小小的魚缸裡，根本不可能出現大鯨魚。

**2. 記憶能揭穿謊言**。若你擁有很好的記憶力，加上棄而不捨地不斷比對、喚起自己的記憶，針對企業表現、曾經的不良記錄、詐騙手法、造假的會計手法等，都很難能逃過你的法眼，否則便只能仰賴媒體。媒體具備資訊提供和壟斷輿論的能力，但多半都有自己的立場，人們只能被動地接受新聞，被植入媒體事先設定甚至是遭到修改或被操弄過的訊息。

上市企業的各種弊端為何會層出不窮？這與社會上每天發生的各種網路、電話、理財詐騙案的道理一樣，因為主謀者抓住人性的弱點，願意賭一

般人記性不佳或思慮不周,故而即使是同樣的詐騙手法,每天重覆使用,依舊有人還是會上當受騙。

**3. 記錄很重要**。過去的記錄已是歷史,無法更改,特別是可以被追蹤和持續的記錄,才是可以被信任的。人有慣性,一旦行為成為習慣,要改變會非常困難,這點在投資的路上也是一樣。一旦踏上成功的道路且已經證明成功,未來突然失敗的機率非常地低。一如《為股東創造財富》(The Outsiders)一書裡引用比爾‧帕索斯(Bill Parcells)的一句話:「你過去的記錄說明了你是一個怎樣的人。」

巴菲特在 2002 年波克夏股東信中寫道:「當管理階層在看得見的方面採取低級手段時,他們很可能也會在幕後採取類似手段。這好比廚房裡很少只有一隻蟑螂。」

2024 年上半年,受美股人工智慧狂熱的影響,美超微(Super Micro)股價在短短 2 個月上漲 300%。由於它正好在我過去工作的產業中,我對它的業務模式,以及過去曾經捲入的一連串負面事件印象記憶深刻,因此在我的雜誌專欄和部落格中,我便曾一再提醒大家,投資這家企業的風險:美超微 6 年前曾因財報和經營管理的問題而遭到強制下市,以及接受美國證券交易委員會調查的不良記錄。果然,在文章發表後的 2 個月後,市場上便爆發幾乎和 6 年前相同的弊案,緊接著股價在 5 個月內下跌了 80%。

## ▎性格比聰明才智更重要

霍華德‧馬克斯(Howard Marks)在 2025 年 6 月接受萬里富(The

Motley Fool）訪談時表示：「優秀投資人的共通點是『情緒不動如山』。在市場悲觀價格低迷時更積極，情緒高漲價格昂貴時更謹慎，且要明白『反人性投資』的重要性，在關鍵時刻站在多數人對立面，克服在別人興奮時買入、恐慌時賣出的人性弱點，在經濟低迷、股市暴跌等人人想逃命時保持冷靜，因為優秀投資人的共通性就是情緒穩定。」1999年《商業周刊》（Businessweek）中所刊出的一篇〈來自『奧馬哈先知』的簡單智慧〉（Homespun Wisdom from the 'Oracle of Omaha'）的文章中，巴菲特便曾表示：「投資成功與智商無關。一旦 IQ 超過 25 級，投資的成功便與智商無關。一旦你擁有普通的智力，你需要的是控制那些讓人陷入困境的衝動的投資性格，這種衝動會讓人在投資中陷入困境。」

《彼得林區選股戰略》一書中寫道：「就智商而言，最優秀的投資者可能處於最低 10% 以上，但最高 3% 以下。在我看來，真正的天才通常過於迷戀理論思考，而投資股票牽涉到的實際行為，卻永遠背叛了他們，因為股票的實際行為，遠比他們想像的要簡單許多。」

2011 年，巴菲特在印度面對商學院學生和接受 NDTV 訪問時，回答「是什麼讓巴菲特成為偉大的投資者？」的提問，他當時便表示：「我可以告訴你的好消息是，想成為一個偉大的投資者，你不必擁有極高的智商。如果你的智商是 160，那麼請把其中的 30 賣給別人，因為你不需要用它來做投資。你真正需要的是正確的性格。

你需要能夠擺脫他人的觀點或意見。你需要能夠瞭解關於一個企業、產業的事實，並且能夠不受其他人的想法影響，正確地對企業進行評估。但對大多數人來說，這是非常困難的事。多數人有時會有從眾心理，這種心理在

特定情況下會發展成為妄想行為。你可以在網路熱潮中看到這一點。」

**非理性情緒的品格缺陷**

《Value Investing：A Value Investor's Journey Through the Unknown》書裡引用蒙格的話：「很多高智商的人都是糟糕的投資者，因為他們的脾氣很差，這就是為什麼我們說某種特質比頭腦更重要。你需要控制原始的非理性情緒，你需要耐心和紀律，以及承受損失和逆境而不發瘋的能力，你需要有一種能力，不被極端的成功逼瘋。」

巴菲特在 1987 年接受《錢》（Money）雜誌採訪時說過：「投資者最重要的是性格特質，而不是智力。你需要一種既不樂於隨波逐流，也不樂於與眾人對抗的特質。」

巴菲特在 1993 年波克夏股東信中寫道：「一旦你的智商超過 125，投資成功就不再與智商掛勾。一旦你擁有普通的智力，你需要的是控制衝動的特質，這種衝動會讓人在投資中陷入困境。」

在《異常流行幻象與群眾瘋狂》（Extraordinary Popular Delusions and the Madness of Crowds）一書裡記載了牛頓的肺腑之言：「我可以計算出天體運行的軌跡，卻算不出人性的瘋狂！」

在 300 多年前的「南海泡沫」（South Sea Bubble）[6] 期間，牛頓也進場買進南海公司的股票，股票上漲後，賣出股票，的確賺了錢。但南海公司的股票卻一路上漲，他實在無法抗拒誘惑，後悔太早賣出了，於是又進場買入。最後他在南海公司這場三個世紀前的投資泡沫期間，幾乎遭到滅頂之災，把原先從股市賺的錢全都賠了進去。

凱因斯年輕時，仗著自己的聰明才智，對經濟、金融、世界局勢的瞭解、熟識的人脈、以及政府財經政策的瞭解，有著少年得志桀驁不馴，不可一世的典型年輕人和聰明人士慣有的傲慢特性。採用由上而下，標準的主觀式選股，認為自己通曉世界的運作規則，股市的決定因素都在自己的理解之中；結果就是只能賺到小錢，一再錯失機會。

年紀漸長後，對人生和投資有了不同的體悟，逐漸改採長期、集中和重視企業內在價值的投資方式，耐心等待股票上漲，最終讓自己在投資上，獲得與他在學術上幾乎同等的傲人成就。

## 世界上沒有這麼多聰明人

世界上其實並沒有這麼多所謂的高智商或聰明人，尤其在股市裡，人們多半只是認為自己是聰明人而已。綜觀人類的歷史，一個人是否能取得成功，主要由他的精力、性格、能力以及如何決策所決定，毫無例外。

不論你獲得多少明智的專家建議，以及取得多少有用的資訊，儘管偶爾有些類似的前例可循，但到頭來還是得由自己下判斷，決定下一步怎麼走。而高智商的投資人，容易失敗的主因便是：

**1. 高智商者，較易得到社會的獎賞**。在讀書、做研究上，聰明高智商的人的確較佔優勢，由於思慮敏捷、理解力強、反應快速、判斷精準、容易取得先機。出社會後，由於先天上的優勢，也都能繼續在職場上佔盡好處，成為人生的勝利組。

事業有成的經理人，通常無法成為好的投資人，主要的是因為股市投資成功的技巧和專業的職場技巧正好相反。職場生存講究的是合群、思考同質

化、同儕的認同、妥協、講究平庸、權威、鼓勵羊群現象，而這每一樣都是投資成功者的大敵。

**2. 擅於賣弄小聰明。**聰明高智商的人擅於指出別人的缺失，能夠輕易點出某人或某事的弱點，甚至是找到錯誤或不合理之處，喜歡找破綻舉反例、賣弄小聰明、四處當酸民，多半較易贏得讚賞，在世俗的場合中容易取得有利的位置、一生順遂、享盡所有的好處。

但是投資不是科學、不存在公式、沒有非黑即白、確定性、權威性，不可能有聖經或操作手冊；工程實驗或技術除錯的思考邏輯和方法無法套用，因為市場不是這麼運作的。**投資的要訣是試圖找出較高的成功機率，市場充滿不確定和風險，不可能有無懈可擊沒有破綻的判斷，更不存在所謂的標準答案。**

**3. 不願意投入心力。**聰明高智商的人因為理解力過人，讀書工作都很順利，仰仗著天賦異稟，只需付出較少的心力，就可以取得比這社會上多數人更好的成就。但成功的投資人幾乎都是基本分析者，從來沒有技術分析者能獲得最後長期的勝利。只要是基本分析，就需要投入大量心力，聰明、高智商和天賦或許有些優勢，但也僅是很小的優勢。巴菲特在2009年的波克夏股東會上曾透露：「我從11歲就開始投資，在19歲時讀到《智慧型股票投資人》這本書之前，大約8年來，我一直在研究技術分析並做過各種各樣的事情，但收效甚微。」巴菲特、蒙格和吉姆‧羅傑斯（Jim Rogers）都表示，就他們所知，從未認識任何靠技術分析便可在股市賺大錢的人。

著有《股市大亨》（The Money Masters）系列書籍的約翰‧特雷恩（John Train）就說過：「投資是一個標榜細節的遊戲。」

高智商者通常不願意進行枯燥、孤獨、煩瑣無味、長期、重覆性高的工作，他們主觀意識強烈且沒有耐性。但是成功的投資肯定需要進行枯燥、孤獨、煩瑣無味、長期，而且是一再重覆的基本研究，別無他法。而因為內心的優越感作祟，高智商者多半認為，這些是智商不高的人在從事的工作，一定會有捷徑可走；想要取得較高的報酬和績效，根本不需要用這種笨方法，而光是這一項特質，就很致命。

　　**4. 自我感覺良好**。聰明高智商的人都有自大、傲慢、輕視的性格特徵，總認為自己最聰明，聽不見其它意見，易形成以自我為中心的思考和行為模式，遇事不願深入思考，總認為一切都很簡單，可以輕易搞定。但市場不是這樣運作的，投資的世界遠比這種思維複雜和困難許多，很多重要的事情總需要時間醞釀、深入探究、花時間鑽研，無法一蹴可幾。一項重大的突破點，往往是發生在很細微，常人很難發覺的地方。

　　問題是高智商的人通常不認為自己正是如此，而這才是危險之處。不論成功與否，投資人都應該對市場懷有謙卑之心，**市場複雜的程度，永遠會超越人類所能控制和想像的程度**。

　　**5. 認為自己無所不能**。高智商的人普遍都會落入一種迷思，認為自己無所不知，從來不會承認自己所知有限。巴菲特在 1996 年的波克夏股東信中寫道：「投資人需要的是正確評估所選企業的能力，你不必成為每家公司的專家，只需能夠評估在你的能力範圍內的公司即可。那個圓圈的大小並不重要；然而，了解其界限至關重要。」

　　此外他更補充說明：「對於意識到自己是『一無所知』的投資人來說，這並沒有什麼錯。但若你是一個『一無所知』的投資者，卻認為自己並不是

如此，那才是問題。」人應該要承認自己力有未殆，對這世上大部份的事是不理解的。也就是凱因斯在他最重要的著作《就業、利息和貨幣通論》（The General Theory of Employment, Interest and Money）書中所闡述的：「我們就是不知道」的原因。

## ▌投資是藝術，不是科學

《一如既往》（Same As Ever）一書中提到勞勃‧麥納馬拉（Robert McNamara）在越戰期間，出任美國國防部長時，把他在福特公司（Ford）實施有成的方法移植到國防部：要求一切量化追蹤戰時的統計數據。特種作戰令部指揮官愛德華‧蘭斯岱爾（Edward Lansdale）發現，這裡面缺少「越南人的感受」這項無法簡化成統計數字或圖表的東西，但這卻是戰爭管理的核心問題。

彼得‧考夫曼（Peter Kaufman）曾表示：「只因為他們沒有標價，無法被交易，人們卻忽略看不到，但事實上卻是更珍貴的資產。」

2008 年 9 月 10 日，雷曼兄弟（Lehman Brothers）季報顯示營運狀況良好，衡量銀行承受損失能力的指標，第一級資本率[7]為 11.7%，優於前一季和銀行業空前穩健的 2007 年，也優於高盛（Goldman Sachs）和美國銀行（Bank of America）等同業。孰料 72 小時之後，雷曼兄弟卻宣告破產。在這 3 天當中，唯一起變化的是投資人對公司的信心。信心無法量化、難以建構模型或預測，也無法套用傳統的評價模型來做計算。

## 投資沒有公式，感受無法被量化

投資不是自然科學，而是社會學下的一門學問，社會學的特徵就是沒有公式，不信奉數字是唯一真理。它摻雜了太多人性、群眾、人文、情感、心理、生活、社會、經濟、供需、政治等廣泛且複雜的因素，和人類社會的因素比較有關係。它並不像物理、數學、工程等自然學科裡的學問，能夠使用數學公式來反覆驗證，獲得100%相同的答案。投資和我們日常生活的原素並無不同，從未存在「一定」，畢竟若真有一定這回事，那肯定就會有公式，而有了公式之後，自然就會有標準答案出現。

《彼得林區選股戰略》一書中寫道：「現在回想起來，很明顯地，學習歷史和哲學，遠比學習統計學更能為進入股市做好準備。投資股票是一門藝術而非科學，那些被訓練成嚴格量化一切的人，其實佔盡劣勢。畢竟若選股可以被量化，那麼你就可以利用電腦賺大錢，但事實上並非如此。」

## 為什麼估值很困難？

首先是所有客觀的量化因素都已反映在目前的市價上了，分析師們估值不一，是因為在主觀的非量化因素上存在差異所造成。若能洞察出別人看不到的影響因素，也就是第二層的思維，才能辨識出內在價值被低估的潛力股。

在投資世界裡可被計算出來的，往往是比較容易，甚至是次要的因素。大部份偉大的企業能持續較久的護城河的成因都是非量化的因素；例如經營團隊的能力、企業營運效率、企業文化、產品的設計、品牌優勢等，而這些非量化的東西，往往很難被競爭者複製。

### 模擬操作常與現實脫節

量化因素能用數字表達，可以被清楚看見。反觀人有惰性、非量化因素既不易取得，更不容易判別，通常需要深入理解企業或行業，願意投入龐大時間和心力才會能察覺；若不在投資人的能力範圍內，幾乎很難被識別出來。此外，還需要有過人的洞察力，這些條件缺一不可，因此進入門檻相當高，除非願意付出心力，否則很難辦識。

我們時常會讀到學生社團、股友社或學術論文發表的模型，用於模擬股市投資時，往往都能交出驚人的報酬；可是一旦把它運用到真實的市場時，結果卻大多不盡理想。原因很簡單，**因為模擬股市投資的模型，只會考慮純數字等科學上可量化的因素，並未計入任何投資人的心理、資金壓力、企業動態、突發事件等無法被衡量的非量化因素**。但很不幸地，決定市場和股價走勢的主因，往往都是後者。

### 交易系統或回溯沒有用

**使用符合自己個性的方法，是交易成功的關鍵要素**。這個概念也有助於解釋，為什麼大多數人使用市售交易系統總是賠錢？因為系統和購買使用者的個性與信念之間沒有任何連結，不適合投資人個性的投資方式除了不具可操作性之外，也不可能具有持續性；因為它只適合開發這套交易系統的那個人。

我們也常看到許多號稱套用到股市後報酬率驚人的股票交易軟體，請注意這些軟體套用所回溯的是過去的歷史資料：不論是價格或是市場的誤判都已經被反映到市場上了，不會再發生。股票市場沒有100%重覆這一回

事，但交易系統和回溯系統卻是建立在這個不可能再發生的基礎上。請記住：任何極高勝率的交易方法都不可能持久，因為會吸引所有人加入。**當大多數人參與者採用同一種方法，就會變成大盤，不再有效**。肯恩‧費雪（Ken Fisher）在《投資最重要的 3 個問題》（The Only Three Questions That Count）一書中就寫道：「如果你有一個想法，而且它廣為人知和接受，那麼它對你作為投資者來說就沒用了，因為市場已經把它計入價格了。」

## 性格決定投資能否成功

觀念、個性、耐心、紀律、心態決定投資生涯的大方向和大原則，以及最後能否成功。從事不適合的工作，不可能有非凡的成就。在錯誤的軌道上埋首前進，就算你再努力亦是枉然。即使醒悟後要修正，也得耗費相當大的心力，愈晚修正會愈困難，效果也愈差。而且一旦撐到最後才覺醒，累積資產複利最重要的「時間」，早已一去不復返了。

投資是典型的「知易行難」的事，決定投資能否成功的關鍵因素都是看不見的東西，很難被衡量，而且很容易被忽略。他們不是一般人所認為的出身、智商、資金、職業、社經地位、學歷這些較能被人看見而會受到世俗所重視的東西。由於股市投資進入門檻很低，造成絕大部份的人都不相信這句話。更精確的說法是：多數人注定很難靠投資股市賺大錢，因為性格和個人素質是決定投資成功的根本要件。

### 並非人人都適合投資股票

**1. 問題在觀念和心理，不是選股。**投資是一種極度主觀，但要成功卻很困難的遊戲。正因門檻低，造成許多不切實際的致富夢想，多數人仍舊認為股市是賺快錢的地方，整天想著如何打探明牌、內線消息、走捷徑、求公式、猜測市場高低點、波段操作、計算籌碼，把心力花在這些看似聰明，卻早已被證明對長期報酬和賺大錢並無助益的旁門左道上。**不願投入心力花時間作功課，這也是多數投資人一生都賺不了大錢的根本原因。**

投資和上班並無不同，都需要投入心力才能成功，沒有別的方法；瞭解你所投資的標的、愈詳細愈好、愈深入愈好，你所能賺到的錢的多寡絕對和投入的心力成正比。天下沒有白吃的午餐，這句話在投資上一樣是成立的。

**2. 把簡單事情複雜化。**巴菲特在 1995 年波克夏股東信裡寫道：「人類似乎有一種反常的性格，喜歡把簡單的事情變得困難。」在投資的世界裡，愈簡單愈好。正確的股市投資觀念，並不代表一定是有多複雜的觀念，許多正確的股市投資觀念，都是很簡單易懂的基本概念。投資原則愈簡單，愈容易被執行，而且才能持續長久進行。愈複雜的東西，出錯的機率也愈高。

巴菲特 1986 年接受 Channels 訪問時，曾經一語道破箇中奧妙：「商學院對困難、複雜的行為的獎勵，遠比對簡單行為的獎勵多更多，但豈知簡單的行為，通常更有效。」

**3. 缺乏分辨的能力。**媒體為了吸引閱讀人口，報導的都是聳動的飆股、短期致富的故事，藉以獲得受眾的青睞。因為資訊取得的容易，人們習於被餵養大量的資訊，而不是自己主動去取得需要的資訊，造成人們沒有能力也不想去分辨這些資訊是否正確，而最後的代價就是，長期不自覺地汲取錯誤

或被操弄過的訊息。這樣的方式不只令人上癮，受眾們還會被植入錯誤的投資觀念。

人們從小被洗腦的財經教育、灌輸的知識，或是眾人認為是常識或共識的觀念，有很大比例都不是正確的。但也因為人有慣性，不容易改變，而且年紀愈大愈難改，所需花費的成本也愈高。

## 你適合投資股市嗎？請先回答自己是否有賺到錢？

投資人首先應該誠實面對自己，檢視自己過去 3 到 5 年的投資是否持續賺錢？如果答案是否定的，那你便應該先放棄股票的投資，確實找到虧損的原因，確認問題已被改善，之後再回到股市來。

**1. 檢視期究竟要多長呢？** 巴菲特在 1983 年波克夏的股東信中寫道：「我們從不把 1 年的數字看得太重。畢竟，行星繞太陽公轉所需的時間為什麼要與商業行動獲得回報所需的時間精確同步呢？我們建議進行至少 5 年的測試，作為衡量經濟表現的粗略標準。」他在 1962 年巴菲特合伙公司（Buffett Partnership）的股東信中就曾提過：「雖然我認為 5 年是一個更加合適的時間段，但是退一步說，3 年是最少的一個檢測投資績效的時段。」

**2. 如何當機立斷和停損？** 萬一一段時間後，例如連續 3 年或 5 年後，發現自己很努力，但自行選股投資的績效不佳。這不是你的錯，請當機立斷改投資追蹤市場大盤指數的 ETF，坦白承認自己根本不適合自行選股來進行財務投資，以免損失辛苦賺來的血汗錢。如果連投資追蹤市場大盤指數的 ETF 也沒賺到錢的話，奉勸你最好把錢拿去銀行定存，然後從此遠離股票市場。這樣還能保住你的血汗錢，至少本金不會消失，而且還能有點微薄的利息。

## 勿輕言退休專職投資股票

很多人只因牛市一、兩年的推升，錢賺得太過容易，自信心膨脹，便想離職靠股票投資生活。一時興起缺少規劃和評估非常危險，成功的機率和自創公司的生存率差不多。除非以下的答案都是肯定的，否則切莫輕易嘗試：

・性格特質是否適合進行股市投資？誠實回答自己，你要如何確定你自己適合？耐心和紀律最為重要，而且是無比地重要，這是首要條件，絕大部份的人並不適合股市投資，特別是沒有人監督下專職的股票投資。

・連續 15 年以上的股市經驗且年化報酬率必需大於 18%，虧損年份少於 3 年。要有足夠龐大具說服力的投資組合資金，沒有任何型式的衍生性商品或融資貸款較佳。

・不含投資組合，已有相當程度不包括房地產的淨資產累積，有自用住宅者較佳。家人要全力支持，你往後的詳細投資日常規劃具說服力嗎？你願意每天固定花 12 小時讀財報、閱讀和進行基本研究嗎？如何證明你會按計劃行事？而且必須抱定破釜沈舟，不能有失敗了再回去找工作的念頭。

---

5. DISC 測驗是由美國心理學家維廉・馬斯頓（William Marston）所發明，透過情緒及行為模式，衍生出的評量工具。從四個人格特質對人進行描繪，即支配性（D）、影響性（I）、穩定性（S）和服從性（C）。藉以瞭解被評量者的管理、領導素質以及情緒穩定性等。
6. 這是一場發生在英國 1720 年春天到秋天之間的經濟恐慌，與同年的密西西比泡沫事件及 1637 年的鬱金香狂熱並稱歐洲早期的「三大經濟泡沫」。
7. 第一級資本（Tier 1 capital）主要由普通股的股東權益以及保留盈餘所組成，也會包括不可贖回的優先股；是金融監管機構衡量銀行金融實力的主要指標。

| Chapter 2 |

# 「看懂」的技巧

01. 投資報酬率
02. 風險 vs. 不確定性

## 01 投資報酬率

「投資人最大的錯誤就是想打敗大盤,散戶永遠無法打敗大盤。」
——查爾斯‧艾利斯(Charles Ellis)

### ▍年化投資報酬率——投資人該重視的唯一指標

投資人真正應該重視的投資績效指標只有一個,那就是年化投資報酬率(Internal Rate of Return,IRR);它的計算公式為((你的本金 + 報酬)／你的本金)$^{(1／投資年數)}$ $-1$。

讀者們不必自己費心計算,可以使用本書「附錄3」裡的「年化投資報酬率(IRR)計算器」,輸入 3 個數字就可以輕鬆為你算好。

根據「72 法則」,你只要用 72 除以你的年化投資報酬率,就可以知道自己的資產大約幾年會成長 1 倍——我們在意的是這個數字。投資人不大可能每年都取得非凡的年度報酬率,只看單一個年度的年度報酬率,意義不大,因為也有可能是運氣好,市況極佳下推波助瀾的結果;反之亦然。

## 小心數字陷阱！

我曾在書局看過一本書，封面文案強調作者投資 20 年，成功取得 5 倍的驚人報酬率。在某一次聚會中，有位旅美多年的友人於席間表示自己 1995 年開始投資美股，至今共已取得約 5 倍的報酬，話畢立即引起朋友們的讚嘆。

但這兩個例子容易誤導聽眾，因為所提的皆為總報酬率是 5 倍。

對一般人而言，5 倍的回報，乍聽之下都會眼睛一亮。但大家可別忽略了，他們投資期間究竟有多長？前者投資台股 20 年，取得 5 倍的總報酬，折合年化報酬率 8.38%，要知道台灣加權指數過去 20 年的年化報酬率也不過就是 6.84%！後者投資美股 30 年取得 5 倍的總報酬，折合年化報酬率 5.51%，標普 500 指數過去 30 年的年化報酬率是 8.87%！換言之，兩者的投資成績其實和投資股市大盤的指數差不多，績效並不值得驚喜。

基金業者最喜歡宣傳自己的基金報酬率多優秀，藉以吸引不明究理的投資人。而他們慣用的手法就是：

• 通常只談總報酬率，很少提年化報酬率，因為大部份的投資人也分不清楚箇中差異。

• 不會分別列出過去 5 年、10 年以及 20 年的年化報酬率，基本上若不是連續 10 年以上的年化報酬率，參考價值並不高。

• 不會保證是連續期間的報酬率，通常為了美化績效數字，業者多半都會省略中間或前後報酬不佳的期間。

• 所指的報酬率期間，會合併或拆分報酬較佳或不佳的其它基金，藉以美化數字。

透過上述的手法，現在你知道，基金公司提出的報酬率數字，為何都會

這般這麼吸引人了吧？

**什麼樣的報酬率才算合理？**

ETF 的發明人約翰・柏格（John Bogle）在 2013 年接受財經網站「市場觀察」（Market Watch）訪問時表示：「長期而言，股價合理的年化報酬應率應該是 7%左右，其中股利約佔 2%，盈餘成長約佔 5%。」

讀者可以利用「附錄 2」中，「全球主要股市過去 30 年的報酬表現比較一覽表」查到，全球主要股市由 1993 至 2022 年的 30 年間，不含股利的年化報酬率最好的是印度的 9.65%，表現最差的是南韓的 0.96%，而美國是 7.96%，台灣則是 3.67%。

利用「附錄 3」裡的「標普 500 指數年化報酬率查詢器」，讀者很容易可以查到：從 1970 年至 2024 年，共計 55 年的標普 500 指數，不包括股利的年化報酬率為 7.85%，包括股利的年化報酬率為 10.95%。我在（表 2–1）列出的是受世人推崇、管理的資金具有相當的規模，最重要的是投資生涯必須夠長的幾位頂尖投資人，整個生涯的年化投資報酬率的表現。

## 評量投資報酬率——如何由年化報酬率判定績效？

請注意：我們談的是「完整的投資生涯」，不是去年或前年，不是走運的那幾年，不能略去較差的年份，更不是只算最好的那 1 年。

- 年化報酬率在 10%以下者，勸你直接改投資追蹤標普 500 指數的 ETF 就好。

表 2–1 投資大師們的生涯年化投資報酬率

| 投資大師全名 | 投資組合市值（美金 10 億） | 投資生涯 | 總年數 | 年化報酬率 | 負報酬年數 |
|---|---|---|---|---|---|
| 華倫・巴菲特 | 350 | 1965 至 2024 | 60 | 19.90% | 11 |
| 詹姆斯・西蒙斯 | 34.8 | 1988 至 2023 | 36 | 40% | 1 |
| 彼得・林區 | 14 | 1977 至 1990 | 13 | 29.20% | 0 |
| 比爾・米勒 | 20 | 1991 至 2005 | 15 | 16.44% | 3 |
| 瑞・達里歐 | 100 | 1991 至 2022 | 32 | 11.40% | 6 |
| 約翰・凱因斯 | 0.052 | 1928 至 1945 | 18 | 13.20% | 5 |
| 查理・蒙格 | 0.012 | 1962 至 1975 | 14 | 19.80% | 3 |
| 喬治・索羅斯 | 28 | 1970 至 2024 | 55 | 20% | 4 |
| 賽斯・卡拉曼 | 34 | 1982 至 2024 | 43 | 16% | 5 |
| 喬爾・葛林布萊特 | 12 | 1985 至 2024 | 40 | 12% | 0 |
| 班傑明・葛拉漢 | 0.005 | 1936 至 1956 | 21 | 20% | N／A |

資料來源、製表：作者

・年化報酬率在 15% 以上者,已經是投資市場中的佼佼者了,打敗大部份的投資人不成問題。根據「72 法則」,若能長年保持這樣的成績,平均每 4.8 年,資產就會倍增。

・年化報酬率在 18% 以上者,完整投資生涯的年化報酬率能保持這種成績的投資人,非常非常少,在投資界已算是很有成就的投資人了,不必管他人如何評論,你應該做的是繼續走自己的路。

・年化報酬率在 20% 以上者,完整投資生涯的年化報酬率能保持這種成績的投資人,在全世界的範圍內都算是極為罕見,如果你認識這種成績的投資人,應把握機會向他請益。

## 和市場大盤相比,你的投資生涯有多長?

如果在 10 年以下的話,一則以喜,一則以憂。10 年以下的投資人,尚未經歷過股市大盤崩跌 40% 的震撼教育,好壞尚在未竟之天。好處是擁有令人羨慕的時間可以累積財富,投資生涯還有很大的成長和改善空間。

請和代表美股市場大盤的標普 500 指數比較。如果績效時常都比標普 500 指數差的話,奉勸你改投資追蹤標普 500 指數的 ETF。

如果你虧錢的年數大於比標普 500 指數是負報酬的年數,建議你不要再折騰了:改買追蹤標普 500 指數的 ETF,不然就把你的錢拿去銀行定存,甚至於把錢提出來放你的床底下,至少你的血汗錢不會縮水或賠光。你可能會反駁:「我時常虧錢沒錯,我有可能某一兩年大賺錢,平均下來還是賺錢呀?」但發生這種情形的機率很小,幾乎和你去賭場擲骰子贏錢的機率差不多。

### 複製成功經驗——你敢押注多少身家去投資？

若你耳聞某人的親友或名人投資股票的績效很好，時常賺大錢，只要是他看中的標的，都能賺上幾十個百分比或好幾倍。此時你應把本文的自我評量項目一一拿出來核對，我想答案應該都是：「我不知道，我不確定，反正人家賺錢就好了，幹嘛計較這些細節。」

最後，你需要慎重地問：「那個人拿出其總資產的多少比例，勇敢地去押注在股票投資上？」

如果答案是：「我不知道，不確定，或是5％、10％、20％，而不是50％、75％、90％」那你覺得這樣的投資成績有參考價值嗎？

既然投資報酬率描繪得如此偉大，幾乎都沒賠過錢，這麼神奇的賺錢機器，就應該押上大部份的身家，不是嗎？玩票性質、很小資金的賭注產生的投資報酬率，即使報酬率是上百倍或上千倍，基本上都不具參考價值，也不可能具備可持續性。

捫心自問：「你的幾筆賺錢的投資中，你花了多少時間研究他們的財報？為何買進他們？持有多久？賺了十倍以上嗎？你有把握可以再複製這樣的成功投資經驗嗎？」如果上述的問題的答案都是否定或負面的，那麼只能證明你的運氣實在很好。

## 資金規模 vs. 投資報酬率

資金大小，當然會影響你的投資報酬率。巴菲特1999年在接受《商業周刊》採訪時曾說：「任何人若說規模不會損害績效，他肯定是個銷售人員。

沒有太多的錢是一個巨大的結構性優勢，我認為我可以讓 100 萬取得 50%的投資報酬率。不，我知道我可以，我保證！」

巴菲特 1999 年在接受《商業周刊》採訪時說：「我無法參與的世界（即小公司）變得比我能參與的世界（大公司）更有吸引力。我必須尋找大象，或許大象不像蚊子那麼有吸引力；但這就是我必須參與的世界。」

巴菲特在 1994 年波克夏的股東信裡表示：「然而皮夾子太厚，卻是投資成果的大敵，現在我們只考慮買進至少一億美元以上的投資，在這樣的高門檻下，波克夏的投資世界，一下子縮小了許多。」

在 1995 年波克夏的股東信裡，巴菲特又不厭其煩地寫道：「我們所面臨最大的劣勢是規模太大，在早年，我們只需要好的投資方案，但是現在我們需要的卻是又『大』又好的投資方案，然而不幸的是，要找到能夠與波克夏發展速度相匹配的公司的難度日益升高，這個問題持續地侵蝕我們的競爭優勢。」

## 大數法則──投資大師和一般人的差別

誠如之前（表 2-1）所示，投資大師之所以受人推崇，除了出眾的完整生涯年化報酬率外，每一位所掌管的資金，一直隨著他們的投資生涯快速增加，規模幾乎都是百億甚至是千億美金以上的等級，卻還能交出令人佩服的績效，而且負報酬年數都很小，這是極為困難的成就。

巴菲特 2005 年與堪薩斯大學的學生座談時表示：「以波克夏這麼大的規模，如果我們做的是基金或其他形式的投資生意，全世界我們能投資的股票不會超過 200 檔。

其實，**好主意 1 年只要一個就夠了！**

在巴菲特 1993 年波克夏的股東信裡面特別提到：「隨著波克夏資金規模日益擴大而益形明顯，而放眼投資世界中，可以大幅影響本公司投資成效的機會已越來越少，因此我們決定採取一種只要求自己在少數的時候夠聰明就好，而不是每回都要非常的聰明，所以我們現在只要求每年出現一次好的投資主意就可以了。」

在更早的 1966 年波克夏的股東信中，巴菲特就已經表示過類似的言論：「在近幾年中，我們往往 1 年下來只能發現 2 至 3 個投資對象符合上述標準。」

## 資金部位愈大，報酬率將隨時間降低

資金具相當規模的長期投資人，投資組合裡不可能只有 3 至 5 檔股票，投資組合裡的股票數目一多，要進行換股或調整，需考量的因素或限制會很多；這是資金小的散戶無法體會的。而且經驗增加後都會採取較審慎保守的投資方式，不會冒險，以確保不會因為太大的投資風險而賠掉先前累積的資金，導致無法翻身。

幾十年的投資經驗告訴他，真正好的標的很罕見。長期投資人通常不會輕易出手。一般人認為會暴漲的股票，風險多半極高，能持續提供高報酬的機率也不高。

首先，**資金規模是績效的包袱**。巴菲特在 1984 年於哥倫比亞大學的著名演講《葛拉漢–陶德都市的超級投資者們》（The Superinvestors of Graham–and–Doddsville）中，特別提到：「管理的資金規模不斷地擴大，

這使得管理愈來愈困難；資金規模是績效的拖累，這是毫無疑問的。這並不表示當資金規模擴大，你的表現便無法超越平均水準，只是超越的幅度會縮小。如果你所管理的資金是 2 兆美元，則你的表現必然無法超越平均水準，因為你的資金規模便是整個股票市場的總市值。」

其次，**再改善投資報酬率並不容易**。頂尖投資人的組合資金規模通常都很龐大，報酬率也很好，而且如果經過數十年仍留在市場上，過去數十年的年化投資報酬率沒有理由不好。這種等級的投資人都有自己的投資風格，改變的可能性很低，改善的空間也不大。

正因如此，巴菲特在 2019 年波克夏的股東信中表示：「對於擁有良好長期前景的企業來說，價格非常昂貴。」他補充說：「這種『令人失望的現實』可能意味著波克夏將增加其現金儲備，波克夏仍希望，未來可以有機會進行大象等級的併購案。」

## 著名投資人為何消失？

有些當年風光無比，投資報酬率很驚人的投資名人有時會突然間退隱消失，我個人推斷有以下幾種可能的原因。

首先就是**見好就收**，彼得・林區是最著名的代表。長期資本管理（Long-Term Capital Management，LTCM）、喬爾・葛林布萊特（Joel Greenblatt）的哥譚資本（Gotham Capital）、詹姆斯・西蒙斯（James Simons）的文藝復興科技旗下的大獎章基金（Medallion Fund），甚至是巴菲特合伙公司，都曾經因為投資績效太好，導致資金膨漲得太大，會影響往後的投資績效，而決定把錢退還給投資人。

另一種較為常見的則是**績效神話破滅**，有三個著名的例子：賽斯・卡拉曼（Seth Klarman）創立的包普斯特（Baupost）基金曾在前 26 年實現了約 20% 的年化報酬率，但 2014 年以來年回報率僅約 4%。喬爾・葛林布萊特生涯前十年的年化報酬高達 50%，但近 20 年已趨於大盤表現。另一個例子是比爾・米勒（Bill Miller），也是以類似的理由乾脆退休。

只要有 1 年投資組合的報酬率極差，而且隔年無法完全恢復，大部份的案例將很難再起，甚至從此一蹶不振。為了挽回頹勢，有些案例會開始冒險進行大幅作空、交易衍生商品、運用槓桿等高風險的操作。多數情況下，高風險的操作方式的下場都是以失敗收場。較好的結果是賠光先前所有累積的資金，極端案例則是傾家盪產，更有人因犯法涉險，登上媒體的版面。

## 如何檢視投資績效能否持續？

以下是我認為，讀者若想要篩選出值得你效法的成功美股投資人，以下這 3 大條件，每一項都必須成立：

・連續 15 年的投資經驗：20 年以上者較佳。一般來說，不中斷 10 年的投資期間，一定會經歷市場崩盤、完整的經濟景氣循環週期、多次相當程度的熊市和市場修正；再加上許多不可預期的恐慌或大型突發事件導致的巨幅振盪，這些都是成功的投資人必須經歷的考驗。

・具說服力的績效數字：至少 15% 以上的年化報酬率，達到 18% 者就很難得了；至於 20% 以上者就很罕見了。而且 15 年投資者虧損的年份必需少於 3 年，或是 30 年投資者的虧損年份少於 6 年。

・夠大的投資組合金額：至少數百萬美金的美股投資組合是起碼的門檻，

太小的投資組合資金的參考價值很低,而且也不合理。

## 為何要跨不同時段 + 至少 3 檔成功的經驗?

讀者還可以用另一個方法,很快地就能檢視一個成功的股市投資人能否持續成功。檢視「是否能『在不同時段』,由『3 檔以上』不同的股票中大幅獲利。」為何強調「是否能在不同時段」呢?因為至少要經歷一個以上完整的市場週期的投資人的紀錄,才足夠客觀,才經得起檢驗。

巴菲特在 1961 年巴菲特合伙公司的股東信中寫道:「最好的業績評判週期應該要經歷一個完整的市場週期,比如從業績評判當時的道瓊指數水平開始,直到該指數最終回到幾乎同樣的水平為止。」能夠在不同時段,由 3 檔以上不同的股票中大幅獲利,取得相當幅度的投資回報者,不大可能是純粹靠運氣,沒有穩定一致的投資方式,不可能達成這樣的成就。合理推論,他也一定可以靠同一套投資方式,在往後的投資路上持續獲利,取得成功。

只賭對某一檔股票(我個人很反對這樣做),取得亮麗的報酬當然是可能的;但是能讓一般人就此致富退出江湖的可能性很低。若投資成績無法持續,一定會把賺來的都再賠回去。

除非你一次性投入的資金異常巨大(這對大部份散戶來說,不具備可操作性)、以不法手段取得內線消息敢於賭上全部身家、命運之神眷顧讓賭一把的你猜對才有可能。另一種可能是你是上市公司的股東或具規模企業的創辦人或大股東,一般人不大可能只因為投資一檔股票就致富;不是不可能,只能說機率非常低。

投資一檔股票賺 10 倍,「好運氣」的可能性很大。投資兩檔都賺 10 倍

以上，而且能跨過不同的時段，這足以證明不是因為同時間靠股市大漲的推升的助益，運氣的成份就非常低了。如果投資過三檔都賺超過10倍以上，這不可能是運氣，一定是能力！

投資一檔股票暴富的故事不絕於媒體，這類故事極具話題性，能吸引閱聽大眾。大部份人心底還是抱著股市是賺快錢的場所，希望援用相似的夢幻方式一夜翻身。人都是健忘的，媒體也不太可能持續追蹤同一個故事主角後來的表現。

大家都忘了，這類故事的主角大部份的下場都不會太好：例如績效回歸平均，想再賭一回更大的回報，然後退出股市退休。但好運總會用完，不是靠實力賺來的投資報酬，終究會逐漸失去因一檔股票暴富所賺來的資產。

## 多數投資人都是賠錢的

關於股市投資一項很難令人接受的事實是：不論是散戶、機構法人、退休基金、基金經理人、甚至是時常見諸報端的名人，大多數的投資人在股市中都是賠錢的。換言之，只有賺錢者才會曝光。由於進入股市的門檻極低，媒體的推波助瀾，致富的故事總會激發人們仿傚的動力。會被媒體報導、在社群網路流傳、朋友圈炫耀的通常是賺錢的故事；投資人賠錢的事很少公開，因為總不是件光彩的事，而且人們對賠錢也沒有興趣。

由風傳媒、證券商業同業公會、期貨業商業同業公會、集中保管結算所共同發表，《台灣指標民調》在2020年調查1070位投資經驗平均12.2年，中位數約10年的投資人的一份報告指出：只有31.3%的人回答投資獲利居多。

根據「金融巨頭」（Finance Magnates）在2023年8月，選擇美國交

易量最大的 20 家經紀商的統計後發現：平均 75%的散戶投資者是虧損，表現較佳的一家經紀商平均有 64.5%的散戶虧損，最差的一家經紀商平均有 82.7%的散戶虧損。

受益於歐洲的法令規定，證券商必須揭露客戶投資的績效數字，讓我們可以探知投資人在股市中真實的投資績效。誠如（表 2–2）所示，來自歐洲幾家著名的證券商，截至 2019 年 11 月 7 日的統計數字，有 74%至 89%的證券經紀商的客戶的投資是虧損的。

**表 2–2 歐洲著名券商客戶投資虧損的比率**

| 證券商 | 投資人虧損的比例 |
| --- | --- |
| IG Markets | 75% |
| Markets.com | 89% |
| CMC Markets | 75% |
| Saxo Bank | 74% |
| FX PRO | 77% |

資料來源、製表：作者

## 基金的投資報酬率

根據美國聯準會資料庫數據統計，由 2003 年至 2017 年 8 月為止，美股散戶的年化投資報酬率是 4.5%，避險基金只有 1.6%，散戶的績效竟是避險基金的近「3 倍」之多。

## 所謂的專家沒有比較行

潘朵拉的盒子逐漸被打開，人們開始發現，股票基金並沒有如財富管理業者，或是代銷業者所宣稱的點石成金的能力。幾家專門長期追蹤股票基金的財經機構幾十年來的統計數據，證明他們的報酬數字只能用慘不忍睹四個字來形容：

・晨星（Morningstar）在 2021 年的統計數據，主動式美股基金績效逾 85% 落後大盤。

・標普道瓊指數公司（S&P Dow Jones Indices）的報告顯示，2021 年超過 79% 的主動型共同基金經理人的操盤表現，不如標普 500 指數和道瓊指數。

・追蹤主動型基金績效的 S&P Indices Versus Active 的數據顯示，高達 79% 的基金經理人在 2022 年的操盤績效落後美股大盤，若與 10 年前的 42% 相比，這個比例大幅升高。

## 最終落入客戶口袋的錢又有多少呢？

ETF 的發明人約翰・柏格引用了耶魯大學基金會首席投資長大衛・史雲生（David Swensen）的研究：過去 20 年中只有約 4% 的基金，在扣除稅收和費用之後仍能跑贏大盤，而且平均起來也只比大盤的報酬率多出 0.6% 而已；96% 的基金跑輸大盤，而且輸得很慘：平均每年跑輸 4.8%。

**大家都知道基金經理人和券商有發財的，可是發財的基金投資人卻很少聽說過。**

投資人想過沒有？避險基金的管理費是基金的 2%，再加上年度績效收

益的 20%。也就是說，即使基金不賺錢，他們仍抽佣 2%。如果當年基金報酬是正報酬的話，那他們賺到的錢就更多了，遑論還得再抽正報酬的 20%。

《華爾街日報》（The Wall Street Journal）著名的專欄作家傑森‧茲威格（Jason Zweig）在他的《當代財經大師的守錢致富課》（The Little Book of Safe Money）書中就曾提過一連串有關於共同基金的統計數據：

‧1991 年至 2004 年間，共同基金業者的平均報酬是 7.4%，但最後落入客戶口袋的只有 5.9%！

‧約翰‧柏格指出 1984 年至 2004 年間，頂級股票共同基金的平均報酬是 9.9%，但客戶只獲得了 6.6%！

‧印第安納大學研究指出：1998 年至 2001 年間，股票共同基金的平均報酬是 5.7%，客戶只入袋 1.0%！

不論基金的績效賺錢或賠錢，基金每年都會收取一定比例的年度保管費。而且，當投資人買入及賣出基金時，還要另外各負擔一筆金額不低的手續費。整個供應鏈中，有這麼多的人靠這個吃飯，難怪投資人很少在媒體或財富管理業者口中，聽到任何關於共同基金的一丁點負面看法，因為他們都是這個產業鏈當中的一員。

## 台股投資人的習性令人費解——見樹不見林

在此要奉勸投資人，**切勿重視股息，而輕視資本利得**。股市之於其它理財方式最大的優勢是長期的報酬優於貨幣基金、債市、或房地產；而且股市的主要報酬來源是資本利得，也就是股價的上漲價差，而不是股息。

然而大部份的台股投資人似乎不這麼認為，台股投資人偏愛高股息的股票，甚於股價會波動但資本利得明顯較佳的股票。這導致台股上市企業競相配發高現金股息，沒配發高殖利率現金股息的股票都會被投資人、台股分析師、財經媒體認定是表現不好的股票，造成台股長期以來都是全球現金股息排名前幾名的市場。

## 台股配息的兩大問題

台股上市公司的股息配發還有兩個嚴重的問題：一是股息支付率上下波動劇烈，二是只有極少數公司按季配息。這兩大問題在美股會造成仰賴股息的投資人的現金流危機，因此皆被視為股價的負面因素。尤其前者會被視為是公司經營不善的主要指標，只要停發或縮減股息，都會造成股價重挫，不會有例外。但在台股，台灣投資人似乎對這兩個問題都習以為常。

2021年，由於台積電股價大幅下挫，當時就看見多位知名的台股分析師攻擊台積電，認為台積電的殖利率太低。但台積電也在美股掛牌交易，以當時台積電的現金殖利率2.5%而言，在美股市場已算是高水準的演出了。美國科技股很少發現金股息，這是常態，大型半導體股可說是例外的族群，2.5%在美國半導體股裡已經高過同業的平均值了，更何況台積電2021年最高曾跌去55%，已經自動使現金股息的殖利率大幅上升了。

我們以追蹤台股大盤主要權值股的元大0050 ETF，做為資本利得股票的代表；並以元大高股息0056 ETF，做為高股息股票的代表來看。各位可由（表2–3）看到，2015至2024年的股價總報酬分別為188%和53%，明明0050的總報酬遠高於0056，前者是後者的3.5倍！但持股人數後者卻是

前者的 1.57 倍。原因只有一個：因為 0056 的股息殖利率是 0050 的近 2 倍，這個表格充份證明了台灣投資人的理財觀，以及台股投資人超級短視近利的程度。

表 2–3 0050 與 0056 股價、現金殖利率回報表

| 2024 年底截止 | 0050 | 0056 |
| --- | --- | --- |
| 持股人數 | 67 萬 | 105 萬 |
| 近 10 年股價總報酬 | 188% | 53% |
| 10 年股價年化報酬率 | 11.16% | 4.34% |
| 現金股息殖利率 | 3.05% | 5.93% |

資料來源、製表：作者

### 存「金融股」成為全民運動

台灣投資人還有一項特性：就是偏愛存金融股領安穩的股息，卻忽視投入的本金可能下跌，以及金融股的股價漲勢通常落後大盤的兩大事實。

台灣市面上的台股投資書籍、財經媒體、部落客、財經網紅，有很高的比例都是在談如何存金融股領股息，這種無比保守的投資方式。很少人願意投入時間、挑戰主動選股、進行基本研究、獲取較高的報酬。原因無它，因為有市場、有點閱率；市場創造需求。

據「集保結算所」2024 年 6 月的資料，15 家金控合計股東人數 618 萬 3,728 人，等於有一半的台股開戶投資人都持有金融股，這可說是國際股市裡的一大奇蹟。這種投資方式只比定存和貨幣基金好一點，但投資人忘了金融股還是必須承受股市波動和崩盤的不利因素。與其投資金融股，為何不更

乾脆買追蹤大盤指數的 ETF 反而省事些，長期報酬還勝過金融股。但台股投資人不做此想，有的金融股甚至還會配發少量的股票股息。很顯然地，台股投資人極度短視，普遍見樹不見林，漠視金融股的資本利得非常差，甚至會虧掉投入本金的事實。

　　總之，金融股大部份時間的漲幅是落後大盤的，這是舉世皆然的全球股市基本常識。

## 02 風險 vs. 不確定性

「讓我們陷入麻煩的，不是我們不知道的事，而是我們確信如此，但卻又不是那麼一回事。」

——馬克・吐溫（Mark Twain）

### ▌何謂不確定性？

法蘭克・奈特（Frank Knight）在他的成名作《風險、不確定性與利潤》（Risk, Uncertainty, and Profit）一書中，為風險與不確定性做出定義：「可量測的或然率即稱之為風險。」這類風險可以定出機率，例如擲銅板正反面出現的或然率都是50％；是能被計算機率與期望值的不確定性。無法量化的模糊狀態、不能被預先計算、完全無法量測，或評估的風險則是不確定性；這才是真正的不確定風險。

**「不確定性」可以創造利潤**

奈特在書中提出，利潤是來自不確定性的論點——「極端的不確定性創造了獲利機會，因為這允許企業家做出不基於可預測結果的決策，可能會帶來更高的回報。」他認為，只有第二種完全無法量測的不確定性，也就是對

未來的無知，才能不斷被利用去創造有利可圖的商業可能，因為第一種可量化的風險理論，早就在各種已知的商業考量的範圍內了。有些人累積了巨額財富，證明他這項論點的正確性。

巴菲特最喜歡買入不確定性，他總是掛在嘴邊表示，他偏好的是以「折價買入確定」，如此才能確保他的投資是賺錢的。他在 2005 年波克夏股東信裡寫道：「內在價值的計算雖然非常重要，但必然是不精確的，而且常常是嚴重錯誤的。企業的未來越不確定，計算出現嚴重偏差的可能性就越大。」在這種情況下，價差當然就會愈大，利潤將更可觀。

## 為「確定」做好準備

巴菲特在 2010 年接受 CNBC 採訪時曾說：「我不知道市場在一天、一個月或一年後會如何，但投資者最大的錯誤就是試圖預測企業未來的走勢。市場總是充滿不確定性。每天都是如此，但不確定性可以成為你的朋友。」

在進行投資研究，基於各項事實進行合理的推論，我們要把握的是事情確定會發生。巴菲特在 2005 年波克夏股東會上說：「我們無法確定何時會發生，在經濟學中，**預測將會發生什麼比預測何時發生要容易得多**。」投資人要做的功課是根據各項事實，推論股價低於內在價值就行了，股價遲早會反映到應有的價格水準，至於何時會升到合理的價格，那就不是任何人辦得到的事了。巴菲特於 1966 年 7 月寫給巴菲特合夥企業的股東信上寫道：「我們不因循別人對股市未來的預測，來決定如何買賣股票。股市的走勢將會大幅決定我們的投資『何時』才正確，但是我們對公司的分析正確與否則決定我們的投資『是否』正確；換句話說，我們比較關心該發生什麼事，而非發

生的時機。」

　　想在不確定的市場中找到確定性，也就是找出長期來看，業績將超過市場表現的公司。巴菲特建議投資人應該儘量要找公司所從事的業務與 10 年前是一樣，也就是確定性高的公司來投資。

　　為什麼呢？

　　因為這類公司能有足夠的時間去修正所有面對過的錯誤，確實完成所有企業該做的工作。一般來說，這些公司都具有堅實的基本面，未來若再做同樣的事情，出錯的可能性通常很小。

## ▌什麼是風險？

　　巴菲特在 1993 年的波克夏股東信中寫道：「將風險定義，與一般字典裡的一樣，係指損失或受傷的可能性。」以獲利機率和可能獲利金額的乘積，減去虧損的機率和可能虧損金額的乘積，這就是我們想做的；這並不完美，但其實就是這樣。

　　他表示：「學術界對風險的定義實在離譜和荒謬，根據 Beta 理論，若股價下跌幅度比大盤多，風險會遞增，要是有人願意以極低的價格把整家公司賣給你時，你是否也會認為這樣的風險太高而拒絕呢？」

**為什麼會有風險？**

　　巴菲特接著寫道：「真正的風險在於，投資者的稅後所得是否能給他帶來至少和他投資前相同的購買力，再加上初始資金的適度利息。」在他的觀

點裡面，損失來自對公司未來收益的錯誤判斷，以及稅收和通膨的不可控制和無法預測的後果。

但為什麼會有風險呢？

除了大自然不可抗力的因素外，但凡只要是由人所主掌的機構，包括金融機構在內，就會有人承擔過高的風險或幹些偷雞摸狗的事，更有些人根本不清楚自己正在冒著何種風險，而這就是風險的本質。所以巴菲特才會提醒所有人：**「風險來自於你不知道自己在做什麼？」**

## 「永久損失」才是最大風險

1985年，巴菲特接受美國公共電視台「亞當斯密的金錢世界」節目採訪時說過：「投資的第一條規則就是不要虧損。投資的第二條規則是不要忘記第一條規則，這就是所有的規則。我的意思是，如果你以遠低於其價值的價格購買物品，並且整批購入，你基本上便不會虧錢。」為了規避風險，當投資人去除了任何虧錢的可能性時，也就表示你已獲得投資的確定性，到最後要取得投資賺錢的結果，自然不會是太困難的事了。

巴菲特在2023年波克夏的股東信中寫道：「波克夏的一條投資規則沒有也不會改變：永遠不要冒資本永久損失的風險。」《投資最重要的事》一書的作者也曾說過：「最重要的風險是永久損失的風險。」「我認為大多數投資者並不擔心波動性。事實上，我從未聽到有人說『預期回報率不夠高，不足以承受所有的波動性。』他們擔心的是永久損失的可能性。」

巴菲特在1994年和學生會面時便曾明白表示：「我非常重視『確定因素』，如果你可以做到這一點，那麼所謂的風險就沒有那麼重要了。有了足

夠的『確定因素』，你就不會選擇一檔風險很大的股票。但是，投資一檔股價低於實際價值的股票就沒有什麼風險了。」

一般而言，你必須願意承受某些不確定性，還有風險。如果你打算擊敗通貨膨脹的話，長遠來看，例如股票這種高風險資產，回報會比低風險資產高出不少，這種趨勢在未來依然會是如此。

## ▎似是而非的「去」風險──投資組合再平衡

投資人時常被教育的「投資再平衡」，其慣用的方式有以下 2 種：

・定期持股再平衡：每隔固定的時間間隔（例如 1 年或半年），賣出你投資組合裡面表現好的持股，加碼買入投資組合裡面表現較差的持股。

・股債的定期再平衡：每隔固定的時間間隔，進行股債的再平衡（比如股比債設為 6：4，或隨投資人年齡逐年減少股票的比例）；如果期間的股票或債券上漲超過事先設定的比例，就藉由賣出超過定比例者，加碼比例下降者。

主張投資組合再平衡者的立論基礎如下：

・不同類股會輪漲，表現較差的股票會起死回生，漲太多的股票接著一定會下跌。這就像提倡波段操作者一樣；兩者都毫無事實或科學的根據，純粹只是對市場的想像、期望、或猜測。

・分散投資才能減低風險，漲太多的股票會佔去投資組合太大的比例，實在危險。難道你會因為薪資太高，自動要求減薪？

・集中資金於股票，萬一碰到崩盤就會遭致重大的損失。這是鼓勵羊群

心態、短視、表現人性弱點的做法，為什麼偏要放棄押注少數自己具有高度持股信心的少數幾檔股票，反而去持有較無把握表現較差的股票呢？

投資組合的再平衡，根本是一種劣幣逐良幣的不合邏輯的投資行為。市場和你過往的報酬已經證明你現有的投資判斷是對的了；為什麼要放棄已經獲得市場驗證為成功的投資判斷，改投資被市場證明投資報酬是較差的標的呢？巴菲特為了引用我在第一章提過的「拔花為雜草澆水」來說明投資組合再平衡的不合理性，還特意打了通電話給彼得‧林區尋求他的同意。

巴菲特在 2017 年波克夏股東信中寫道：「對於長期的投資者（包括退休基金、大學捐贈基金和有儲蓄意識的個人）來說，用投資組合中債券與股票的比率來衡量投資『風險』是一個可怕的錯誤。通常，投資組合中的高等級債券會增加其風險。」因為長期而言，股票的回報遠勝過債券。

若說最用力提倡投資組合的再平衡的人，肯定就是那群財富管理業者。先不論你會因此產生的資產損失，這麼做會讓你定期付出不必要的手續費和心力，唯一獲利者就只有他們。

## 「現代投資組合」理論不具說服力

這個理論是假設理性投資人為規避風險，會利用分散投資來優化投資組合；利用變異數分析，在給定的風險水準下，預期資產收益的最大化。若預期報酬相同，則會選擇風險較小者，除非可獲得更高預期報酬，才會願意承擔更大的風險。

但在真實世界中，該項論述卻受到行為經濟學的挑戰。因為行為經濟學是建立在一般的大眾心理和行為實際的表現上，有無數唾手可得的案例可以

反駁現代投資組合理論的不切實際。100名員工中擁有兩位諾貝爾經濟學獎得主和50％的員工擁有博士學位的長期資本管理（LTCM）就是現代投資組合理論的最佳實現者；公司成立初期投報率驚人，但僅四年後就發生巨大虧損，逼得聯準會出手才免去幾乎釀成的全球金融風暴。

就連該理論的發明人哈利·馬可維茲（Harry Markowitz）自己也不敢採用，他曾在被問到自己是如何打理退休金的投資組合時，很誠實地回答說：「我本應計算好資產級別的共變異數，劃定有效邊界。但是我預想到了股市大漲時我沒有買入，或是股票大跌時，我竟被套牢的悲慘畫面。為了減少日後的後悔，因此我直接把資金改以五五對分的方式，平均分散在債券和股票上。」

基金業者是基於現代投資組合理論的最大實現群組，幾十年來，吸引無數投資人的資金投入這個龐大的財富管理產業鏈。一如本章第一部份「基金的投資報酬率」小節所列，基金業者的實際報酬率其實都是慘不忍睹。

## 「事實」和「正確性」是投資決策的根基

《股神巴菲特的神諭》書中曾提到，巴菲特如何對一個企業的內在價值進行評價時，他的回答是「我們讀資料，就這樣，沒有別的。」這句話的重點就在資料的可靠性。巴菲特還表示，「我們不讀其他人發表的意見，我們希望取得事實，然後進行思考。」他在投資每家公司之前一定會把這家公司過往至少10年以上的財報研讀過一遍，他強調愈多愈好，藉此可以決定他是否要投資這家公司。

**1. 正確數據和事實**。著有《華爾街50年》（Fifty Years in Wall Street）的亨利‧克盧斯（Henry Clews）在一百多年前就提出：「人們都有預想好了的觀點，他們不願意清除自己的腦袋裡已經存在的理論，這使他們脫離了依據事實處理交易的原則。」

巴菲特在1998年波克夏股東會上說：「我們不會因為行動而獲利，我們是因為正確而獲利。」因為大部份的股市參與者只把自己的注意力放在一些錯誤的活動上，他們不停地買、賣、聽信投資謠言並隨之起舞。投資人應該做的是閱讀、研究、和思考。這樣一來，你就可以瞭解你所擁有的企業，而不是不停地買、賣、或道聽塗說。

**2. 一切要根據事實**。《智慧型股票投資人》一書裡就寫道：「要形成不同的觀點，你就需要有不同的觀點，而且要準確才行。你必須對自己的經驗和知識充滿信心，如果你從『事實』中得出結論，並且知道自己的推理是合理的，那麼即使其他人有不同的選擇或猶豫，你也應該要立即採取行動。」

彼得‧林區曾在1997年的《值得》雜誌（Worth）上發表〈善用你的優勢〉（Use Your Edge）的文章，他在文中就一再表示要投資人「專注在事實而非預測上。」投資的分析則要以事實為根基，不是憑印象、主觀或是自己的認知，因為這些東西很明顯都沒有可信的資料來源做依據。有了事實做為一切的基礎，我們在根據所有的事實所組成的資料，加上自己的研判，最後就能根據自己的投資原則，找出自己中意的投資標的；而不是自己一廂情願的主觀看法，或進行沒有事實資料支持的推論或分析。

### 寧可模糊地正確，也不要精準地犯錯

巴菲特在 1993 年波克夏的股東信中寫道：「學者能夠計算出一檔股票精確的貝它值，代表其過去相對波動的幅度，然後根據這項公式建立一套晦澀難解的投資與資金分配理論，希望藉此找出可以衡量風險的單一統計值，但他們卻忘了一項基本的原則，寧願要模糊的正確，也不要精確的錯誤。」

巴菲特引用的話是來自卡維斯·里德（Carveth Read）的名言：「大致正確總比完全錯誤要好。」凱因斯曾表示，股票估價的精確性只不過是安慰人的玩意兒，或許只是想在無法預料的世界裡，給人一種確定感的幻覺。

巴菲特也抱持同樣的看法，反對在估算股票內在價值時，使用造假的精確性。他們都明白這麼做的話不但過度強化量化因素，低估可能影響股價的非量化因子，而且因為不確定的緣故，任何股票的估價必定不能非常精準，最多只會落在一個可能的範圍罷了。

總之，投資人必須把誤差納入估價中才行。

**1. 運用「常識」就能判斷**。在 2007 年波克夏股東會上，巴菲特表示：「如果必須將其保留到小數點後 3 位，那麼這不是一個好主意。好像有人走進這裡的門，他的體重在 300 至 350 磅之間。我可能不知道他們有多重，但我知道他很胖。我所尋找的就是這些，一些能帶來豐厚回報的東西。」

蒙格則隨巴菲特的話補充說：「當你試圖確定內在價值和安全邊際時，沒有一種簡單的方法可以簡單地由計算機，讓按下按鈕的人變得富有。你必須應用很多模型。我不認為你可以迅速成為一名偉大的投資者，就像你不能迅速成為一名骨腫瘤病理學家一樣。」

**2. 實務上不需要複雜的計算**。在 1996 年波克夏股東會上，蒙格說：「我

們這裡有這樣一種『手指和腳趾』[8]的風格，巴菲特經常談論現金流量折現，但我從未見過他做過。」巴菲特接著回應說：「沒錯，這有點自動。如果你真的必須用鉛筆和紙來做，那就太不切實際了。應該對你大喊大叫，你有這麼大的安全邊際。」畢竟不值得做的事，做得再好都沒有用。

## 安全邊際──價格 vs. 價值

「安全邊際」是葛拉漢在《智慧型股票投資人》一書所提出，有關於投資重要性的觀念，指的是「股票的市場價格」和「企業內在價值」之間的差距。書中寫道：「安全邊際的大小取決於你付的錢。」他認為成功的投資，就是只購買那些價格大幅低於內在價值的東西，並持有這些標的直到價值被市場發現為止。而投資是否成功，往往在買入股票時就已經決定。正因如此，巴菲特才會在 1984 年於哥倫比亞大學的「葛拉漢－陶德都市的超級投資者們」的演講裡表示：「你必須有知識，而且能夠粗略地估計企業的價值。但是，你不需要精密的評價知識。這便是葛拉漢所謂的安全邊際。」

「你不必試圖以 8,000 萬美元的價格購買價值 8,300 萬美元的企業。你必須讓自己保有相當的緩衝。一座承重能力為 3 萬磅的橋樑，可能只准許 1 萬磅的卡車通過；相同的原則也適用於投資領域。」

為什麼需要安全邊際？

《巴菲特：從無名小子到美國大資本家之路》（Buffett：The Making of an American Capitalist）一書中裡引用巴菲特的話：「這是我們投資哲學的基

石，永遠不要指望賣在高點，當你買入的價格如此低廉時，就算脫手時賣個普通價格，也能大賺一筆。」在進行估值時，保留安全邊際是必須的，因為：

**估值本身就是一項藝術，沒辦法精準。** 藝術和科學不同，科學可用精準的數字重覆驗證而且一定能確保精準無誤；但藝術總是參雜著人為的主觀判斷，和彈性空間的保留，無法有一致性或精準的固定值。

**未來是無法預測的。** 投資者有可能犯錯、運氣不好、市場波動、甚至是無法預測的風險，或是任何的不確定性；能夠以遠低於內在價值買進，就能保有相當的緩衝。投資者也是人，是人就會犯錯。人容易受到情緒、判斷、失誤、市場、人性、性格差異等因素的干擾而出錯，採取適當的保障措施有其必要。

## 對於「價格」和「價值」的誤解

一般人喜歡買雞蛋水餃股，認為低價股未來上漲的空間比較大，風險較小。事實上風險反而比較大，他們之所以會變成雞蛋水餃股，都是因為公司經營發生了無法解決的困境，起死回生的機率很低。投資人應該考慮的是企業的價值，而不是價格。對於長期投資者，尤其是成長股投資人而言，不要見樹不見林；不必因為股價看起來很高（高品質、有競爭力的企業，其股票通常都是高價股），或是些微的買賣價差而斤斤計較（這些考量都只看到價格而已），因而錯失了長抱 10 倍或 20 倍股的機會。

要知道，**優秀企業的潛在成長力，總是未可限量的（這才是價值所在）**。一如巴菲特在 2008 年波克夏股東信中所言：「價格是你所支付的，而價值則是你得到的。」

1994 年蒙格在南加大商學院的「與投資管理和商業相關的基本世俗智慧課程」（A Lesson on Elementary, Worldly Wisdom As It Relates To Investment Management & Business）演講中表示：「長期來看，投資股票的收益率很難顯著超過公司的盈利水平。一家公司若持續 40 年的資本回報率為 6%，你持有 40 年，那麼你的投資收益率和 6% 不會相差太大。即使你當時是以較大的折價買入，差異也不會很大。相反的，如果一家企業在過去 20 或 30 年，每年以 18% 的資本回報率，即使你花高價買入，你最終也會取得不錯的回報結果。」

## 好公司的價格都不便宜

　　幾乎所有能達成至少 10 倍或 20 倍以上的股票，在它的整個上市過程中，就一直是高價股，一直到成長減緩成為一般的股票為止。如果該企業在你的能力圈內，能幸運地以較低的估值，買進這家企業首次公開發行的股票，或碰到崩盤這種可遇不可求的時機，否則一般人都不可能以便宜的價格買進任何的成長股。無怪乎蒙格會說：「好的公司，股價通常很貴。」

　　在 1989 年波克夏的股東信中，巴菲特寫道：「以合理的價格購買一家優秀的公司，遠比以優惠的價格購買一家平庸的公司要好得多。查理很早就明白這一點，我學得很慢。但現在，當購買公司或普通公司的股票的時候，我們會尋找一流的企業，一流的管理。」巴菲特從此不再堅持採用葛拉漢只以量化因素來評估股票的「煙屁股投資」方式，不再拘泥於數字上的價格，反而會在考慮股票的內在價值時，計入非量化的部分。

### 你需要多大的緩衝空間？

「安全邊際」之所以重要，關鍵在於是否落在你的能力圈範圍內。巴菲特在 1997 年波克夏股東會上說：「如果你完全了解一家企業的未來，那麼你幾乎不需要安全邊際。業務波動性越大（或可能性越大），但假設你仍然想投資它，所需要的安全邊際就越大。」優秀公司股票的買價過高，可能會抵消往後 10 年企業業務順利發展所帶來的利潤。

凱因斯在 1938 年，致劍橋大學國王學院遺產委員會的信中曾寫道：「我的目標是購入資產與最終獲利能力令我滿意的證券，時機則是選擇市值和資產及獲利能力比較下相對較低的時候。只要買進這樣的證券，等於同時滿足安全至上與資本利得兩個原則。」

巴菲特的投資策略和凱因斯非常相近，他相信「評價企業是科學也是藝術」，因此他可以加大股票買進時的安全邊際，降低可能的風險。還可以透過觀察經營團隊的能力，判別企業經營績效是否良好；從產業和市場的角度來判斷，判別企業是否具有持久的競爭力；翻閱企業過往的財報，評估企業是否已經證明能持續具有盈餘的能力等，透過上述種種非量化的方式，彌補股票投資評估在先天上不夠準確的缺點。

## ▌要避免犯錯，但並非不犯錯

犯錯和失敗是成功不可避免的一部分。然而，最重要的是如何重新振作並堅持實現目標。請注意，我們用的字眼是「避免」而非「不要」犯錯。坦伯頓在《投資成功的十六個法則》一文章中提到：「避免錯誤的唯一方法就

是不投資——這是最大的錯誤。」

所以請原諒你自己所犯的錯誤吧。不要灰心,也不要試圖透過承擔更大的風險來彌補損失。相反地,要把每個錯誤都變成一次學習的經歷。人不可能不犯錯,重要的是如何從錯誤中學習,而且最好的方式是從別人的重大錯誤中學習,尤其賠錢這種事,從別人經驗中學習就好,犯不著要有親身的經歷。**成功者和失敗者之間的真正區別,與其說是天生的能力,還不如說是在避免錯誤中的表現。**

巴菲特在 2001 年在波克夏股東會上表示:「所謂的犯錯,指的是在個人能力範圍內的事。例如錯過利用可可豆期貨賺錢的機會,對大部份人來說就不是犯錯,因為大部份人對可可豆期貨完全不瞭解。所謂的錯誤是當我們理解某件事,卻站在那裡盯著它,什麼都不做。或者更糟的是,我們本可以把它做得很大;但實際上我們卻只做了一滴管的量。」

巴菲特表示:「一個投資如果能避免犯大的錯誤,那麼只須要做幾件正確的事情就可以成功。」他總結在投資上自己曾經犯過的錯誤有「應做而沒有做的錯」和「不應做而做的錯」這兩大類。

## 「應做而未做」的錯誤

所謂「應做而沒有做的錯」(Mistake of Omission)又可以再被區分為兩種:第一種是即使我們知道這很便宜,但壓根兒就沒有投資,錯失了取得報酬的機會。這類標的包括亞馬遜和字母(Alphabet)這兩家公司,尤其是字母,因為波克夏的子公司蓋可保險公司(Geico)素以低成本高經營績效聞名於業界,也長期在谷歌(Google)平台上投放廣告,藉以減低保單招攬

的經營成本，巴菲特很恨自己明明知道這件事，很早以前就可以看出字母的企業競爭力，但卻任這個投資機會從他眼前飄過去。

第二種是開始時有進行投資，但是並沒有再進行加碼，錯失了報酬最大化的機會。他舉的例子是沃爾瑪（Walmart）；巴菲特的確在當初看好沃爾瑪這家公司，而且也開始買進股票，錯就錯在他在一路買進的時候發現股票逐漸上漲，超過他中意的價格，他就停下腳步不買了。後來他向股東坦白，當初一點點價格上的固執堅持，停止繼續買進沃爾瑪的股票，使波克夏的股東損失了約美金 100 億元的報酬。

蒙格則用一般人較容易瞭解的淺顯方式來闡述這兩種錯誤：一是什麼都不做，看到了機會卻束之高閣。二是本該一堆一堆地買進的東西，我們卻只買了一瓶眼藥水的量。

## 「不應做但卻做了」的錯誤

所謂「不應做而做的錯」（Mistake of Commission）則和上一類錯誤完全相反，意指投資人通常是接收了某項消息，但卻做了不應該做的事，總而言之，就是的確做了錯事。

巴菲特指出，他曾經犯過的錯大多屬於第一類，應做而沒有做的錯。**相較於不應做而做的錯，第一類應做而沒有做的錯誤比較嚴重，因為這是屬於錯失天大的好機會的錯誤，**這些損失到後來都會被反映到財務報表的數字上。蒙格完全同意巴菲特的檢討「我們最大的錯誤是該做的沒做、該買的沒買。」此外，這類錯誤和自己的能力範圍有關，也就是那些自己可以理解，但是自己卻沒有花半點工夫的事情，實屬不該，自己就只是按兵不動，什麼

事也沒幹,這才是真正的大錯。

## 誠實面對自己,勇於認錯

20世紀初的美國投資大師和政界大老伯納德‧巴魯克說:「自己犯錯和失敗,不要怪任何人。」虧錢必須怪自己,別責怪他人。登入券商系統進行交易的是你自己,沒人押著你下單;大部份的人虧錢都會默不作聲,可是賺錢時就到處嚷嚷怕沒人知道。投資人必須曉得自己的優缺點,也就是自己的能力圈範圍,不懂的東西不要碰。此外,**要定期檢視你的投資組合的績效,不要逃避。**

《愛爾蘭時報》(The Irish Times)曾採訪索羅斯,他當時說過:「我富有是因為我知道自己何時犯錯了。我基本上都是因為意識到自己的錯誤而倖存下來的。」他更在《索羅斯談索羅斯》(Soros on Soros)一書中寫道:「對其他人來說,犯錯是一種恥辱;對我來說,認識到自己的錯誤是一種自豪感。一旦我們意識到不完美的理解是人類的本性,犯錯就沒有什麼可恥的,可恥的只是無法改正錯誤。」

每個人都須要誠實面對自己,花工夫專心投入,才能成功。

## 無須害怕錯過好公司

對優秀的投資者而言,挑選標的物時都會格外謹慎,當然會錯過某些優秀的企業。蒙格在2014年的每日期刊(Daily Journal)股東會上就表示:「別因錯過好機會而沮喪,這是投資的一部分,是無法避免的。」要儘量降低錯失的機率,就能達成投資成功的機會。包括櫃台買賣市場,美股有約12,000

家企業可以交易，每年有數百家新企業會上市，擁有無限的機會，投資人大可不必患得患失，永遠都有無數的機會。超級優秀的企業很罕見，但超級優秀的企業，等上個3至5年後，還是超級優秀的企業。江山代有才人出，每個世代都有代表性的優秀企業上市。世上沒有永生的企業，護城河也不可能永遠存在。

人們害怕錯失優秀企業的心態，時常因此被迫交易。任何被迫交易的結果都很慘，試想：基金經理人在崩盤時，為了籌集投資人的贖回壓力，只好一再以市場最低價出清股票。牛市時，散戶害怕錯失致富的列車，結果往往套在股價的最高點，這是常見的股市迷思，**被迫交易注定不會有好報酬**。

## ▎巴菲特的投資方法沒有秘密──但為何無人採用？

2005年波克夏的股東會上巴菲特表示：「從很小的時候就開始，在幾乎任何領域，年輕時開始創業都是一個巨大的優勢。如果這就是你的興趣所在，並且你從小就開始閱讀，並且讀很多書，那麼你就會做得很好。投資這個行業並沒有只有神父們才知道的秘密。」巴菲特也曾表示：「這些年來我們在做的事都公開在大眾面前了，而且很容易實行、並不困難、沒什麼新東西也不複雜。」

巴菲特在1995年波克夏的股東會上曾表示：「很讓我們不解的是，知道葛拉漢的人很多，但是真正奉行他的建議的人並不多。我們隨時隨地給投資人建議，在公司年報上也不斷地提出我們的想法。這些建言，其實是俯拾可及的，而且好懂易學，可是一般投資人的興趣似乎還是集中在『今天你買

哪一支股票？』上面。就像葛拉漢一樣，我們兩人在股市投資的成就是被大家認可的，但是一般人對於我們的操作觀念似乎沒有太大的興趣。」

## 大家都想快速致富

2000 年的一個早晨，傑夫·貝佐斯打電話給巴菲特，問巴菲特「你的投資體系這麼簡單，為什麼你是全世界第二富有的人，難道別人不做和你一樣的事情？」巴菲特回答：「因為沒人願意慢慢地變富有。」大部份的人仍舊認為股市是賺快錢的地方，想一夜致富。《窮查理的智慧語錄》（The Tao of Charlie Munger）書中就引用了蒙格的一句話：「快速致富的願望非常危險。」

《Esqudre》在 1988 十月刊出亞當·史密斯的《The Modest Billionaire》文章裡引用巴菲特的一句話：「大部分的人寧可希望自己買樂透彩券突然間中了大獎，而不願細水長流地致富。」

在 2014 年波克夏的股東會上，巴菲特和蒙格有一段對話說明為什麼波克夏沒有模仿者：「人們並不會嘗試學習它的操作，它看起來並不是那麼容易，這非常不同。它也很慢，非常慢。緩慢比其他任何因素都更能阻礙人們；緩慢的困難在於事情沒有辦成你就先死了。」說到底，**『說』長期投資的人很多，『做』長期投資的人極少**。大談巴菲特的人很多，模仿巴菲特去做的人很少。原因很簡單，長期投資需要的時間太長了，見到效果太慢了。

## 人們畫地自限不願意改變

2008 年華頓商學院的學生問巴菲特：「雖然你公開了自己的投資方法，但很少有人能模仿你取得成功，這是為什麼？」巴菲特在回答學生這個問題

時表示：「能聽進去的人，聽一次就聽進去了；聽不進去的人，怎麼給他講都沒用；歸根究底在於人們性格的差異。」

巴菲特在 1984 年哥倫比亞大學商學院的《葛拉漢－陶德都市的超級投資者們》演講裡說：「我只能告訴你，早在 50 年前葛拉漢與大衛．陶德合著《證券分析》（Security Analysis）一書時，價值投資策略就公諸於眾了，但我實踐價值投資長達 35 年，卻從沒有發現任何大眾轉向價值投資的趨勢，似乎**人類有某種把本來簡單的事情變得更加複雜的頑固本性。**」

蒙格在 2000 年的魏斯可金融（Wesco Financial）公司的股東會上表示應該有更多的人效法波克夏才對。這並不難，但看起來很難，因為波克夏不是一家傳統的企業，不按常規的方法做事。公司的行政費用很低、沒有季度目標和預算、也沒有標準化的人事制度，而且投資比一般人更集中，很簡單也符合常識。波克夏的集中式投資的風格，近年在投資界確實有些成長，但還是尚未被人廣為接受採用；使用理財顧問來為人們提供資產配置建議、分析，或其他服務還是主流。

《就業、利息和貨幣通論》中寫道：「困難點不在於新思想，而在於擺脫舊思想。對於我們大多數人這樣成長的人來說，舊思想會蔓延到我們思想的每個角落。」人們由於遺傳、家庭、教育、工作、社會、生活的環境，以及親友圈，會形成自己的思想框架；這些經由成長、年紀，和長期習慣所養成的思想框架，極難被打破。這是普遍被投資人低估，阻礙投資成功的主要因素。而且隨著年紀和自己的自信心的增強，困難度會隨之提升。這也是為何年輕人在投資上，之於年長者或是有經驗的投資人；由於可塑性高，擁有更大成功的潛能和成功機會的原因。巴菲特一生樂於向年輕學子發表現場演

講，但很少對成人進行演說。巴菲特承認這是因為他發現在推廣自己的投資理念上，與成年人相較，年輕人接受的可能性大多了。

## 瞭解歷史有助於投資

### 歷史是最好的老師

不讀歷史的人，看見什麼都認為是前所未見。《窮查理的普通常識》一書中寫道：「在決定未來方面，沒有比歷史更好的老師了。一本價值30美元的歷史書中蘊藏著價值數十億美元的答案。」巴菲特在2004年波克夏的股東會上說：「幾年前，全世界的投資都有點瘋狂。你心想『怎麼會這樣？難道他們沒有從早年的經驗中學到什麼嗎？』但是，我們從歷史中學到的是：人們不會從歷史中學到教訓。你肯定會在金融市場上經常看到這種情況。」他在1991年波克夏的股東信裡寫道：「前方擋風玻璃看得永遠會比照後鏡清楚。」

### 時間改變不了人性

讀過《異常流行幻象與群眾瘋狂／困惑之惑》（Extraordinary Popular Delusions and the Madness of Crowds）和《客戶的遊艇在哪裡？》（Where Are the Customers' Yachts?）這兩本距今百年以上的經典書籍，你將會對人類在追求財富時的混亂、貪婪、詭計、詐欺等一再重複出現的荒謬人性行為印象深刻。

人性貪婪所推高的不合理股市，市場最後總是會覺醒，然後出現崩盤，

不會有例外。也只有如巴菲特極少數頭腦清醒且有耐心的投資者會一再提醒投資人這種不合理的市場現象，並在市場覺醒後的崩盤中，把握時機逢低買進，輕易地累積大量的財富。智者和一般人的最大差異就是能從歷史清晰地看見不合理性，除了嚴守紀律向市場說不之外，並且還能適時採取行動。

## 不要一昧地回顧歷史

歷史能帶來的最大好處是能引為借鏡，但歷史不是公式。巴菲特在2008年的波克夏股東信中寫道：「將非保險債券領域的損失經驗投射到具有多種保險債券的看似相似的領域中，這種謬誤在其他金融領域也出現。許多類型的『回溯測試』模型都容易出現這種錯誤。儘管如此，它們在金融市場上經常被吹捧為未來行動的指南。如果僅僅查看過去的財務數據就能告訴你未來會發生什麼，那麼富比士400富豪榜上應該都是圖書館員。」市場反映的是資產的未來性，不要試圖扮演上帝或妄想完全複製。

巴菲特在1951年《商業與金融紀事報》（The Commercial and Financial Chronicle）上發表了一篇文章《我最喜歡的證券》（The Security I Like Best）中寫道：「今天的投資者不會從昨天的成長中獲利。」在投資這件事上，僅靠回顧歷史是沒有用的。不要考慮時間性、不要相信市場效率假說的學術理論、更不要試圖猜測市場的高低點、或進行波段操作。

巴菲特於1979年的《富比士》雜誌上的《You Pay a Very High Price in the Stock Market for a Cheery Consensus》一文中表示：「操作退休基金的經理人，永遠都好像把投資決策的目光放在照後鏡上面。這種「打最後一仗」的心態，從以前就證明無法帶來豐厚的獲利，未來還是如此。」

---

8. 意指簡單、直覺的計算方式。

| Chapter 3 |

# 「做好」的準備

01. 改變的決心
02. 獨立思考
03. 市場波動 vs. 崩盤

## 01　改變的決心

「每個人都想改變世界，卻沒人想改變自己。」

――列夫‧托爾斯泰（Lev Tolstoy）

### ▌想突破就要改變――重大的改變是必要且痛苦的

　　財富是需要大腦思考才能理解的東西，任何偉大的東西都需要從零到一，包括自己的腦袋，必要時要歸零。但這真的很難做到，也很痛苦。所有讓人覺得舒服的決定，都不可能會產生好的結局；為往後帶來長遠益處的決策，一開始都是令人痛苦的。投資也一樣，想要徹底改善自己的投資報酬率的第一步，往往就是必需翻轉過往的自己，否則再怎麼努力都沒有用。

　　成功人士和不成功人士的區別在於，成功人士極度非望成功，願意重新開始，不會乾坐著聽別人成功的故事，願意起而行去做任何有助於成功的事。人們傾向安於現狀，不願意支持自己重新開始。往往小有成就、有點小錢、加薪升職、小有名氣，就開始自滿地安於小確幸；人生就開始停滯不前、不想重新開始、不想冒任何風險、不想失去目前擁有的安逸、抗拒更上層樓的挑戰。你無法改變別人，但可以改變自己。

**應把心力放在能產生「長期複利」的事情上。**除了投入必需是能產生現金流的資產外，研讀上市企業的年報、深入的產業期刊、重覆閱讀經典的投資書籍和人物傳記；藉此增加自身知識的廣度、擴大自己的能力圈，和長期能提升自己智慧、視野、和能力的人做朋友。長此以往，一定會看到成果。一如亨利・朗費羅（Henry Longfellow）在《聖奧古斯丁的梯子》（The Ladder of St. Augustine）說道：「偉人創造的高度與境界並非得之偶然，當大家休息沈睡時，他們仍然努力向上攀升。」

　　**投資最應該著重的觀念。**巴菲特在 2009 年的波克夏股東會上曾明白表示：「在我看來商學院只需要上兩門課：一是如何評估一家企業，二是從投資的角度如何評估一家企業的價值以及如何看待股市波動。」接著他又表示：「我特別為 1973 年版的《智慧型股票投資人》一書寫了前言，第 8 章和第 20 章是我 60 多年來投資活動的基石。我建議所有投資人閱讀這些章節並重讀一遍，這樣你就不會像旅鼠一樣地行事。」在 2011 年接受美國商業資訊（Business Wire）執行長凱西・塔姆拉茲（Cathy Tamraz）採訪時，巴菲特再度明確地指出：「對投資人來說，理解《智慧型股票投資人》第 8 章和第 20 章，以及凱因斯的《就業、利息和貨幣通論》的第 12 章就夠了。具體來說，你不需要讀任何其他東西，可以關掉電視。」[9]

## 長線思維—資產需要長時間累積

　　所有資產的累積皆和參與時間的長短成正比，沒有例外。但人們總是以喜新厭舊、見異思遷、追逐流行、頻繁買賣、鄙視基本工、不願付出心力、不願延遲享樂，四處打探明牌的短線思考的方式來參與股市，這是造成投資

成績不佳的主因。要想改善並不困難，只要將投資所需的一切思考、計劃、執行、結果的檢視都改從「長期」觀點出發，因為長期觀點正是成功者與和平庸者之間，最大的差別！

巴菲特在 1987 年的波克夏股東信中寫道：「我們不會因為股票升值或因持有了很長時間就出售股票。只要基礎業務的預期股本回報率令人滿意、管理層有能力且誠實、市場不會高估該業務，我們很樂意無限期地持有任何證券。」

**1. 時間才能產生複利。**《一如既往》一書寫道：「好消息需要時間醞釀，而壞消息往往在頃刻之間出現。很多事都是這樣運作。這是世界運作的一項自然法則，由一項事實所驅動：好消息來自複利效應，需要日積月累，所以容易被忽略。」

1 個月能成功的事情，大家都能做；1 年能成功的事情，做的人會少一些；要 5 年才能成功的事情，願意做的人就更少了；如果做一個事情要 10 年才能成功，基本上就沒人跟你競爭了。

**2. 持續買進。**根據摩根大通每季出版的《市場指南》（Guide to the Markets）的研究指出，2002 年到 2022 年間，持續投資於標普 500 指數能帶來 9.8% 的年化報酬率。只要錯過期間的 10 個最佳交易日，報酬率就會下降至 5.6%，錯過 20 個最佳交易日將使收益進一步下降，幾乎降至 2%。

沒有人有能力能預測股價的走勢，持續買進是抵消價格波動的最簡單方式。我自己投資組合的持股，都是透過多次買進所建立的，不會有任何一檔只買進一次的情形。這種做法除了可以消除價格的波動外，既然被納入投資組合中，表示對這家企業的長期展望是看好的，只要價格合理，沒有理由不

持續買進。除非找到報酬更好的標的,能說服自己把資金投入更好的選擇。

**3. 作者就是實際案例**。身為投資生涯只投資美股,至今持續 30 年的投資人,我就是長期投資的一個典型的案例,(表 3-1)是我 30 年來的重要里程碑記錄。沒有長期投資,就不可能達成以下的成果:

・整個投資生涯 29 年,獲得 22.76%的年化報酬率。

・投資組合,資金成長 383 倍。

・收獲 9 檔的 10 倍股。

・歷經 13 家持股企業的 19 次股票分割。

・投資組合中的持股買進時,沒有一檔進行過股票回購或是分發股利。現在已有半數的持股分發股利,所有的持股皆開始進行股票回購。

請注意:我在(表 3-1)所列出的累積成長倍數、年度回報、股票分割、開始發放股利、達成 10 倍股、開始股票回購這 6 個欄位,都是長期投資的投資人應該關心的核心指標。只要你買進之前進行深入的研究,長期持有具競爭力企業的股票,你唯一要做的事就是坐下來等,必要時加碼買進;股票分割、發放股利、達成 10 倍股、股票回購這幾項企業給股東的基本回饋,都將會水道渠成。

表 3-1 作者的美股投資生涯大事記

| 年份 | 累積成長倍數 | 年度回報 | 股票分割 |
|---|---|---|---|
| 1996 | 1.30 | 30.27% | 微軟 |
| 1997 | 1.76 | 35.19% | |
| 1998 | 2.16 | 22.72% | 微軟 |
| 1999 | 2.43 | 12.64% | 微軟 |
| 2000 | 3.41 | 40.20% | |
| 2001 | 4.46 | 30.54% | |
| 2002 | 3.91 | -12.20% | |
| 2003 | 5.93 | 51.48% | 微軟 |
| 2004 | 7.33 | 23.68% | 賽門鐵克 |
| 2005 | 7.07 | -3.59% | |
| 2006 | 9.42 | 33.34% | 輝達 |
| 2007 | 14.36 | 52.39% | 輝達 |
| 2008 | 11.23 | -21.79% | 晶澳太陽能 |
| 2009 | 25.67 | 128.61% | |
| 2010 | 17.39 | -32.27% | |
| 2011 | 19.95 | 14.75% | |
| 2012 | 26.68 | 33.73% | 晶澳太陽能 |
| 2013 | 33.34 | 24.96% | |
| 2014 | 50.23 | 50.65% | 蘋果、萬士達卡 |
| 2015 | 51.50 | 2.53% | 耐吉、威士卡 |
| 2016 | 53.88 | 4.62% | |
| 2017 | 83.55 | 55.08% | |
| 2018 | 89.57 | 7.20% | |
| 2019 | 155.35 | 73.43% | |
| 2020 | 284.80 | 83.33% | 蘋果 |
| 2021 | 329.46 | 15.68% | |
| 2022 | 196.03 | -40.50% | 亞馬遜、字母、Shopify |
| 2023 | 294.79 | 50.38% | |
| 2024 | 382.81 | 29.86% | 博通、Arista |
| 年化報酬 | | 22.76% | |

資料來源、製表：作者

| 開始發放股利 | 達成 10 倍股 | 開始股票回購 |
|---|---|---|
|  |  |  |
|  |  |  |
|  |  |  |
|  | 微軟 |  |
|  |  |  |
| 微軟、埃森哲 |  |  |
|  |  | 微軟 |
| 萬士達卡 |  |  |
| 威士卡 |  | 威士卡 |
|  |  |  |
|  |  |  |
| 蘋果 |  | 蘋果 |
|  |  | 萬士達卡 |
|  | Shopify | 字母、貝寶 |
|  |  | Meta |
|  | 萬士達卡、亞馬遜 |  |
|  | 蘋果、埃森哲 |  |
|  | 威士卡 |  |
|  | 貝寶、Block | 阿里巴巴、Shift4 |
|  |  | 亞馬遜 |
| 阿里巴巴 |  | Block、Shopify |
| Meta、字母 |  |  |
|  |  |  |

## 長期投資的好處

《智慧型股票投資人》一書中寫道:「短期而言,市場就像一台投票機器,但長期來看,它更像是一台體重計。」

**1. 消除價格波動和不確定性**。經濟景氣的周期性循環,各種可能的風險和不確定性是造成市場的修正、熊市、崩盤的原因。長期的投資人只要持有時間夠久,就能消除價格的波動和各種風險和不確定性。多數人持有房地產都能賺錢;主因是持有期間都很長,不會立即出脫,因此不會受到價格波動的影響。

**2. 不會錯過成長帶來的長期報酬**。長期的投資不致錯過優秀企業成長帶來的長期報酬:優秀的企業會每年會由盈餘中挪出相當的資金、持續進行資本投資、擴大營運規模、為股東帶來更多的利益。投資的目的是要持續每年讓優秀的企業長期地為我們賺錢,而不是只賺一次錢!唯有長期持有,股票才是好東西。在此前提下,你只可能犯兩種錯誤:買錯股票,以及在錯誤的時機買賣股票。

**3. 減少犯錯及後悔的機率**。1998年巴菲特在華盛頓大學對學生的座談會中表示:「投資這一行有個好處,成功不需要靠很多很多次交易。」犯錯的機率是決定投資是否成功的關鍵因素之。透過長期的投資、嚴格選股、有把握和成功的機率時再出手、減少交易次數;就可以減少投資犯錯的機率(也就是虧錢的可能性),投資組合的周轉率就能大幅降低。我參與美股30年,至今共進行過232次交易(買進或賣出各計一次),平均一年7.7次交易。

**4. 降低摩擦成本**。短線進出是造成散戶長期報酬落後大盤的元凶,追高

殺低、周轉率過高，頻繁進出都會增加手續費、佣金、稅款、時間、心力等摩擦成本，墊高持有的成本。美國線上券商已經都是零手續費，但還是有許多投資人看不到的隱藏手續費。台灣投資人投資美股，不論使用美國券商或是台灣的複委託，還需計入銀行美金買賣外滙的各式手續費，再加上美國券商的入戶處理費。

《股神巴菲特的神諭》（Tap Dancing to Work）書中提到巴菲特計算過，以 1998 年而言，華爾街拿走 500 大企業的總獲利的 1／3！2005 年時，摩擦成本或許已佔據了美國企業盈餘的 20%。以交易金額佔投資組合總金額來看，過去 30 年，我每年的周轉率都在低個位數百分比以下。

## 「波段操作」其實並不合理

大部份投資人從一開始就被洗腦教育：股市投資的基本方法就是波段操作，不僅散戶投資人這麼認為，多數財經名嘴、網紅、媒體也都如此倡導。他們的立論基礎是認為在高點賣出，等股價再下跌，跌幅夠大時再買進，持有等它漲至下一波高點再賣掉。如此反覆操作，會比一開始在低點買入，持有多年後賣出的長期持有方式賺得多。

主張擇時交易者的立論基礎包括類股會輪動、能以高價賣出低價再買回，能夠預測市場的底部。會這麼主張的人可能的原因只有兩個：想藉此證明自己比其它人聰明能準確拿捏時間點。但通常認為自己很聰明的人，事實上都不是。提倡最力的就是財富管理業者，因為他們就是頻繁交易產生的手續費規則中，唯一的獲益者。

**1. 無法準確預測市場**。《彼得林區選股戰略》一書中寫道：「你不可能

找到價格的底部,如果想等待絕對低點再買進,那麼你可能會錯過。如果你確信這家公司不錯,那麼最好在它經歷盤整的過程中分階段購買,而不是試圖猜測準確的時間點。」

巴菲特在 2022 的波克夏股東會上,回答觀眾提問應如何把握時機投資時,巴菲特說:「我完全錯過了 2020 年 3 月崩盤買入的機會。我們不太擅長把握時機,但我們非常善於判斷什麼時候我們的錢夠花。當我們購買任何東西時,我們都不知道價格會下降一段時間,這樣我們就可以購買更多,即使在我們買完並且錢用完之後,如果它很便宜,我們會繼續購買,實際上這會提高我們的興趣。我的意思是,這些都是你可以在 4 年級學到的東西,但

**圖 3-1 台股當沖交易人的淨收益為負值**

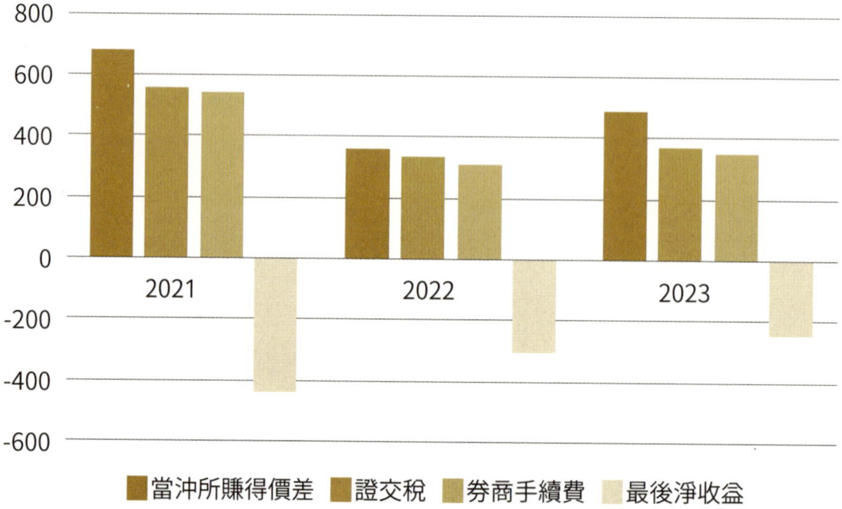

資料來源、繪圖:作者

學校並不會教的內容。」

**2. 實際淨收益是負數**。過去百年的美股歷史，即使你買在美股市場的最高點，最差的情形，18年後投資人一定能解套。根據金管會的資料，2024年，台股集中市場有35.54%的交易量，都是當沖客的交易所貢獻的。2015年至2020年間，台股年化報酬是12.14%，但代表波段操作和擇時交易的當沖交易投資人的年化報酬率只有0.15%。

如（圖3-1）所示，2021到2023年，台股集中市場當沖交易人最後淨收益皆為負值（單位為新台幣億元）。2021年至2024年，當沖客賺取的價差總額在被扣除證交稅和交給券商的手續費後，最後扣除稅費後的淨收益都是負報酬！

## 專注和集中

蒙格在2015年的每日期刊（Daily Journal）股東會上表示：「成功不是靠智力，而是專注力。」在比爾‧蓋茲和巴菲特的一次聚會上，蓋茲母親讓兩人分享自己取得成功的最重要因素，而兩人都給出了同樣的答案「專注」。

蒙格表示，他和巴菲特有兩個共通的重要習慣：一是思考，二是專注。我們都相信，只要抓住為數不多的幾次機會就夠了，不成功也沒關係，這是巴菲特成功的方式，盡可能多花時間思考。巴菲特曾告訴蓋茲夫婦：「找出讓你專注投入的目標，其他事情就拋到腦後。當你將自己的才能聚焦於那個目標，並持續努力不懈，你會感覺更棒、更有成就感，也不會因為放棄其他事情而感到內疚。」

巴菲特畢生嚴格遵循自己的 5 小時規則，把 80％的時間花在閱讀和思考上。投資人應該要專注於應該且值得付出心力關切的少數事情上，專心一致的藝術能幫助你成為一位傑出的投資者。把自己的世界簡單化，只和值得永遠共事的人事物打交道，專注於少數高質量的賭注和長期投資上，不盲目追逐流行和潮流。《雪球》（The Snowball）一書的作者艾莉絲·施洛德（Alice Schroeder）曾表示，巴菲特除了關注商業活動外，幾乎對其他一切如藝術、文學、科學、旅行、建築等資訊，充耳不聞。

納瓦爾·拉維坎特（Naval Ravikant）在 2025 年受訪時表示：「如果你想成功，你必須更加克制自己的慾望，你必須專注。**你不可能在所有事情上都成為最優秀的，若無法認清這一點，你將只會浪費精力和時間**。生命的真正貨幣是注意力，是你選擇專注於什麼，以及如何處理它。」

## 好企業很罕見

亨德里克·貝辛伯格（Hendrik Bessembinder）在 2018 年發表的研究報告指出：「自 1926 年以來，整個美國股市的淨增值，是由表現最佳的 4％上市公司創造的。1926 年至 2016 年間，僅僅 4％的股票創造了高於美國國庫券的報酬。貝森賓德研究發現，埃克森美孚（Exxon Mobil）、蘋果、微軟、奇異（General Electric）、IBM 這 5 家公司，佔據了總財富創造的 10％。

2017 年，巴菲特在哥倫比亞大學對學生的座談會上就表示：「好消息是，如果市場上有成千上萬家公司，我實際上只需要對其中幾家做出正確的判斷。」根據我在《10 倍股法則》書中的統計，過去 30 年，股價報酬在上市期間曾經達 100 倍以上的股票，佔美股上市公司的比例是 7.23％，細節可

見（表 1-2）。也就是說，能為投資人帶來滿意報酬的好企業，確實很罕見！

## 一生只需把握少數幾個機會

蒙格 1995 年在南加州大學商學院的演說中表示：「當有好機會出現時，聰明的人會下大賭注。只要有機會，他們就會下大賭注，其餘時間則不然。就這麼簡單。」他在每日期刊股東會上曾表示：「每個人一生都有兩、三個屬於自己的投資好機會，關鍵在於當機會來臨時，你是否有辦法掌握住。」他還估計過「波克夏至今做了約 100 個重要決策，平均一年約兩個。」

《致富心態》（The Psychology of Money）書中統計過，巴菲特一生中擁有大約 450 家公司，其中 10 家公司給他帶來了 80％以上的財富。如果拿掉最好的 15 家公司的投資，巴菲特的生涯投資將會變得非常平凡。我在過去 30 年投資過美股 69 家企業，85％的獲利來自其中 3 家企業。

## 重大投資決策不用多

在 2003 年的股東大會上，巴菲特表示：「每年大約只需要一個好主意。你不需要在 20％的股票或 10％的股票甚至 5％上都是正確的」。蒙格指出，90％的投資管理團隊不會像巴菲特和他那樣思考。2022 年巴菲特在股東信中寫道：「我們令人滿意的結果得益於大約十幾個真正正確的決定，大約每 5 年一次，這是個有時會被遺忘的優勢，卻有利於長期持有波克夏的投資人。」

2013 年，巴菲特在喬治城大學的演講中表示：「你只會對少數事情有自己的看法。事實上，我曾告訴學生，如果他們畢業時能得到一張打孔卡，上面有 20 個孔，這就是他們一生中要做的所有投資決定，那麼他們就會變

得非常富有，因為他們會認真思考每一個決定。」

巴菲特在 2014 年《富比士》專訪中再度強調：「我認為每個商學院畢業生都應該簽署一份牢不可破的合同，承諾一生中做出的重大決定不超過 20 個。在 40 年的職業生涯中，每 2 年做出一個決定。」

## 無知者才需要分散投資

巴菲特在 1996 年波克夏的股東會上表示：「我們喜歡在自己非常重視的事情上投入大量金錢。我們認為，**多元化投資對於任何知道自己在做什麼的人來說，都沒有多大意義**。如果你擁有一些超級棒的生意，然後把錢放在吸引力清單的第 30 或 35 位，而放棄在第 1 位投入更多資金，這種決定會讓查理和我感到很瘋狂。」

蒙格在 2019 年的每日期刊股東會上表示：「如果你不知道自己在做什麼，那麼多元化的想法在某種程度上是有道理的。如果你想要標準的結果，又不想最後陷入尷尬，那麼你應該廣泛地進行多元化投資。但沒有人因為持有這種觀點而有權利獲得大筆金錢。這就像知道二加二等於四一樣。任何傻瓜都可以實現投資組合的多元化。」

2008 年，巴菲特對一群商學院學生說：「如果你的球隊中有詹姆斯，不要為了給別人騰出位置而將他換下場。」緊接著他又補充說道：「把錢投入到你的第 20 個選擇，而不是你的第 1 個選擇中，這太瘋狂了吧。」

凱因斯也說過類似的話：「投資 1 檔能充分掌握資訊並做出判斷的股票，也不要投資 10 檔不太瞭解甚至於一無所知的股票。」巴菲特在 2014 年《富比士》的訪問中表示：「凱因斯的本質是，不要試圖去揣摩市場行情。專注

於你了解的業務，然後集中精力。多元化投資可以防止無知，但如果你不覺得自己無知，那麼多元化投資的必要性就會大大降低。」

## 成功的投資人，都是「集中」投資者

巴菲特在 1993 年波克夏股東信中寫道：「我們相信如果採用投資組合集中化的策略，它應該可以有降低風險的效果。但前提是投資者得先徹底研究過一家企業，對它的經濟競爭力在購買之前必須要有信心才行。」

蒙格在 2021 年每日期刊股東會上表示：「很多人認為，如果他們擁有 100 檔股票，那麼他們的投資就比擁有 4 檔或 5 檔股票更專業。我認為這太瘋狂了，絕對的瘋狂。我認為找到 5 檔比找到 100 檔要容易得多。

「順便說一句，我認為那些主張多元化投資的人，我稱之為『多慘化投資』[10]，這個說法是我從別人那裡學來的。我更傾向於持有 2、3 檔我認為自己了解、有優勢的股票。」

蒙格曾在每日期刊的股東年會上透露，他在 1960 年代初期仔細思考了很多種情況，估算若只持有 3 檔股票，可能會承受什麼樣的波動？會有什麼樣的優勢？最後得出的結論是，只要他能應對這些波動，同時持有 3 檔股票就足夠了。他知道勝算大的時候要下重注，集中持股要面對的波動比較大，也瞭解自己是個心理承受能力很強的人，自己的個性非常適合集中持股。

財經媒體長期關注證實蒙格所言不虛：的確如其所言，他的個人投資組合，長期以來主要就集中在 3 檔股票上，分別是波克夏、好市多（Costco）與喜馬拉雅資本（Himalaya Capital）。

### 投資大師們的實際作法

我在（表 3-2）中列出，相對較為人所熟知的投資大師們，其生涯投資年化報酬率，以及建議的投資組合持股的數目。我目前美股投資組合共有 15 檔持股，前 3 大和前 8 大持股分別佔投資組合的 85% 和 97%，持續 29 年至今的完整生涯投資年化報酬率為 22.76%。

表 3-2 大師的主要持股數目、年化報酬率

| 投資大師的名字 | 主要持股數目 | 生涯投資年化報酬率 |
| --- | --- | --- |
| 華倫・巴菲特 | 5 至 10 | 19.90% |
| 約翰・凱因斯 | 3 | 13.20% |
| 彼得・林區 | 5 | 29.20% |
| 查理・蒙格 | 3 | 19.80% |
| 路易斯・辛普森 | 5 | 17% |
| 比爾・魯安 | 6 至 10 | 17.20% |
| 賽斯・卡拉曼 | 10 | 16% |

資料來源、製表：作者

## 投資功課無法逃避——投資的三部曲

任何一項成功投資的三部曲必須是：**盡可能地蒐集相關的資料和事實、根據事實進行推論、最後得出是否投資的決定**。這三個步驟就是投資人要作的功課。如果我們省去其中的任何一個步驟，或是拿他人的功課（例如分析師的報告）瓜代，都不算是自己在作功課。

你必需親身完成這三個步驟，才能瞭解來龍去脈，得到的東西才是你自

己的。更重要的是據此所進行的投資才會有信心，也才能降低投資的風險。這三個步驟缺一不可，這樣才能形成屬於自己的投資理論和邏輯，提升投資能力。依此所獲得的東西，別人完全幫不上忙；得到的東西才是站得住腳的，別人也拿不走。切記：**思考是不能請他人代勞的！**

## 多數人投入的，都不算是功課

投資人必須要求自己每天固定投入起碼以上的時間，重點是功課要自己作。收看財經節目或網紅的影片、打探明牌、讀分析師對股票的評比都不算是作功課，做這些事還不如閱讀企業財報、散步沉澱自我，或深入思考。

回想在讀小學一年級時，如果嫌老師給的功課太煩瑣、太花時間，鬧脾氣不想練習，那麼今天可能連你自己的大名都不會寫。但這看起來所要花費的功夫和心血著實太大了，但想要成功就必須如此，不存在任何捷徑。

**1. 投資功課得自己做**。投資人每天要花固定的時間作投資的作業，不要讀其它人的投資報告，因為那是別人思考下的產物。不論你讀的那個人的報告寫的再好，多有道理，都不是你思考下的產物，長期而言對你並不會有幫助。是不是做功課？判斷的標準很容易，必須「主動」地閱讀、查資料、根據事實進行獨立的思考才算。

2010 年，巴菲特在金融危機調查委員會（Financial Crisis Inquiry Commission）作證時表示：「我認為，如果每個投資大筆資金的人都自己進行投資分析，情況可能會更好，但世界並不是這樣運轉的。從投資人的角度來看，我認為投資人應該進行自己的分析，我們一直都是這樣做的。」

盈透證券（Interactive Brokers）的創辦人托馬斯·彼得菲（Thomas

Peterffy）說過：「我基本上認爲，如何投資沒有什麼重要的秘密，你可以從別人身上學到的東西也不多；這都是合乎邏輯的。你對事實瞭解得越多，知道的事實越多，你作爲投資者就做得越好。多年來，我在這些行業中所學到的是，親力親爲的工作是無可取代的。」

**2. 不要捨近求遠**。彼得·林區透過他的著作一再告誡投資人，必須在自己的能力圈內投資才有可能成功，他表示一堆醫生捨近求遠，不去投資自己熟悉的醫療和健保產業，反而妄想一夜致富，像賭博一樣地投入鑽油和探勘的小型石油公司，希望自己投資的企業，明日便宣佈已由地底鑽到石油，讓股價一日上漲數倍。

**3. 謹守自己眞正瞭解或感興趣的領域**。彼得·林區在 1994 年對全國新聞俱樂部的演講中表示：「投資人需要優勢來賺錢，人們擁有令人難以置信的優勢，但他們卻將其拋棄。在自己所在的行業中，你會看到很多股票，這就是讓我困擾的地方。有很多好股票在等著你，人們既不聽也不看。這些東西出現了，但人們卻把它丟掉，眞是令人難以置信。你一生只需要幾檔股票，而且有可能都和你屬於同一行業。」

若你在某個領域不具備比他人深入的知識，你要根據什麼來思考和判斷？即使你再聰明，受限於時間、學習、記憶、和領悟程度，這世上沒有人是無所不知的。只有謹守在自己眞正瞭解或有興趣想要深入瞭解的領域，才有可能發揮專長，反映出你在某個特定領域的優勢，對自己的投資才會有高度的自信心，成功機率才會提高。

## 巴菲特定義的「能力圈」

「能力圈」（Circle of competence）這個字眼是巴菲特發明的，他在2011年接受《國土報》（Haaretz）的訪問中表示：「重要的是要知道自己知道什麼，知道自己不知道什麼。如果你能擴展自己所瞭解的領域，那就更好了。顯然地，如果你了解大量的業務，那麼你成功的機會就會比只了解少數業務的人更大。重要的是要知道你的能力圈的範圍，並在這個圈子裡下棋，圈子越大越好。**讓你的自我意識告訴你，你擅長某件你並不擅長的事情是沒有用的**。如果我能準確地劃出這條界線，我就會做得很好，如果我不能，我就不會。」

他表示：「在你所了解的企業周圍畫一個圈，將那些在價值、管理、是否經歷過艱難時期等方面不符合標準的企業剔除出去。關鍵不是圈子有多大，而是這個圈畫得有多清楚，尤其是它的邊緣。不要拿自己和那些有著更大圈子，但是邊界模糊的人相比。」

巴菲特曾經用非常白話的方式，多次闡述能力圈的意思，他表示「當我說懂時，我的意思是，我非常清楚公司10年後的情況會是什麼樣子。我對許多企業的理解都不足以讓我產生這種信心，不過有少數幾家企業可以。幸運的是，我只需要真正懂幾家企業就夠了，可能是6家或8家。對微軟（Microsoft）和英特爾（Intel）的情況，我無法做到像對可口可樂（Coca-Cola）和吉列（Gillette）那樣確定。所以，我必須堅持投資那些我能理解的企業。如果其他地方有更多的錢可以賺，我認為，在那些地方賺到錢的人是有資格賺這個錢的。」

**1. 每個人都有能力圈**。彼得・林區在《尋找十倍潛力股公司》（Looking

for Companies with Ten-fold Potential）一文中闡述了他的投資的哲學。他反覆強調每個人都可以透過觀察近在咫尺身邊的無數日常生活的細節，找到無數的投資機會。而且每個人都有長處和過於其他人的優勢，經過「踢輪胎式的草根調查」地過濾，發揮自己在某一領域的優勢，會大幅提升投資成功的機率。他要求投資人要知道自己擁有什麼，知道為什麼擁有它。

人貴自知。我們要如何打敗西洋棋王；這一點也不難，你只要找西洋棋以外的領域挑戰他，你就有可能打敗他。巴菲特在 2011 年《國土報》的訪問中還表示：「如果某樣東西不在我的圈子裡，我就不會參加那場比賽。我發現了一位 20 歲的挪威象棋冠軍。80 歲了，你會認為我比他強，但事實並非如此，如果我和他比賽，他會打敗我。」

1990 年，《紐約時報》雜誌裡曾刊過巴菲特的一句話：「我不會嘗試跳過 7 呎高的欄杆，我只尋找那些我能跨過去的一呎高的欄杆，可以一腳就跨過去。」

**2. 務必要在能力圈內投資**。不論任何人，一定都會有自己的能力圈。巴菲特在 1996 年波克夏股東信中寫道：「投資者需要的是正確評估特定企業的能力。請注意『特定』這個字眼：你不必成為每家公司，甚至很多公司的專家。你只需要能夠評估你能力範圍內的公司。」

投資要成功，執行徹底深入的研究和調查是投資成功的關鍵，投資人應該在自己的能力範圍內，瞭解少數公司的競爭優勢。大部份的人應該要集中火力，投資自己已經熟悉的產業，真實的世界不會因為你克服多大的困難而給你加分，我們需要做的就只是找出自己的優勢，降低難度，藉以提高成功機率，這樣才有辦法做出正確的判斷。

以我而言，投資美股 30 年，78％的交易都發生在自己的能力圈內。根據我自己的經驗，我投資過太陽能、生技、製藥、醫療器材、石油、服飾、工業、飲料、銀行、保險、通訊裝置、半導體、科技諮詢顧問、軟體、電商、支付、金融科技等不同產業。但真正有賺到錢的都是在我專業能力或熟悉範圍內的半導體、通訊裝置、科技諮詢顧問、軟體、電商、支付、金融科技等產業。

---

9. 《智慧型股票投資人》第 8 章是「投資者與市場波動」，第 20 章是「安全邊際」。《就業、利息和貨幣通論》的第 12 章是「長期預期狀態」，主要在討論投資與投機的區別、投資人試圖預測平均意見——也就是以選美比賽來類比短期思維導致的金融市場不穩定性。
10.「多慘化投資」是蒙格引用自《彼得林區選股戰略》一書，由彼得‧林區創造出來的「多慘化」（diworsification）新字，是「多元化」（diversification）和「變糟」（worsification）的組合，意思是「過度多元化到讓公司或投資組合變得更糟」。

## 02 獨立思考

「財富是一個人思考能力的產物。」

──艾茵・蘭德（Ayn Rand）

### ▌想成功？請建立專屬的思考模式

　　歷史上著名的偉大投資人，每天持續在做的 3 件事就是：重覆閱讀、研究和思考，沒有例外。

　　投資人應學習成功者的思考方式，而不是他們的結果或成就。買什麼股票不重要，如何形成決策，思考的過程才重要。請記住「思考是可以學習，但無法教授的事物之一。」

　　花時間思考是立即提高思想品質的方法之一。蒙格在 2017 年每日期刊年度股東會上表示：「巴菲特和我都不夠聰明，無法在沒有時間思考的情況下做出決定。我們做出實際決策非常迅速，但那是因為我們花了很多時間靜靜地坐著、閱讀和思考來做好準備。」巴菲特 2016 年接受《彭博》（Bloomberg）專訪時表示：「我堅持幾乎每天都花大量時間坐下來思考，這在美國商界非常少見。我勤於讀書思考，所以我比大多數商界人士讀得更

多,思考得更多,衝動決策也更少。」

1994 年,傑夫・貝佐斯向當時的老闆大衛・蕭(David Shaw)表示,他打算離開公司,開設網路書店。經過幾天的沉思,貝佐斯設計了「遺憾最小化框架」來指導自己的選擇。到了年底,他決定離職創立亞馬遜。在 2017 年洛杉磯峰會活動的演講中他進一步說明:「當你快轉到 80 歲時,人生中最艱難的決定都會變得更容易,並且問問自己哪種選擇會讓你減少『不作為』的次數。

貝佐斯後來反省自己這個關鍵決定,以及他做出這項決定所使用的框架,他表示:「我希望自己到了 80 歲,然後說『好吧,現在我回顧自己的一生。我希望將遺憾降到最低。』我知道,當我 80 歲的時候,我不會後悔嘗試過這件事。我不會後悔嘗試參與這個叫做網路的東西,我認為它將是一件大事。」

決定從職場離開,專心投資這件事,我花了一段時間仔細評估:分析自己是否具備成功投資人必備的心理素質、是否有能力承受所有可能的風險、是否真的擁有投資的熱情、是否有自信能持續取得過往創造的優秀成績、是否能適應未來的生活變化等。把這些關鍵問題透徹地想明白,答案自己就會清楚地浮現,不會有任何的猶豫或遲疑。重要和關鍵的議題,花時間深入思考是「必要」而且是「值得的」。

## 培養「獨立思考」的習慣

葛拉漢曾表示:「在華爾街成功有兩個條件:一是你需要正確地思考,二是你需要獨立地思考。」哲學家伯特蘭・羅素(Bertrand Russell)在他的

作品《相對論 ABC》（The ABC of Relativity）中寫道：「大部分人寧願死也不願思考，許多人的確如此。」如果有 10 個朋友的意見都和你不同，那你的意見將很難不動搖。

巴菲特在 1961 年致股東的信中提到了：「你不會僅僅因為很多人在一段時間內與你的看法相同，或者因為某些重要人物贊同你的觀點，你的觀點就是正確的。」

接著他又寫道：「你是對的是因為你的假設是對的、根據的事實是對的，還有你的推論是對的。」人們計算得太多、想得太少。保持自己清醒的頭腦是必要的，金融本身就是為了追逐利潤，如果你放棄自己獨立思考的習慣，而是一味的跟風和從眾，你就會像常人一樣庸碌。

## 洞察力——異於他人的思考和洞見

我始終堅信，《投資最重要的事》（The Most Important Thing）一書中最重要的一句話，就是成功投資人之於一般人，雙方最大的差異就是需要有「第二層的思考」，也就是中文所謂的「洞見」。這種思維被霍華德·馬克斯稱為「第二層思維」：不局限於「群眾怎麼想」，而是思考「群眾錯在哪裡」。

沒有異於他人的洞見，不可能獲取超額的報酬——因為市場已經反映了所有市場參與的投資人已知的意見了。如果投資人可以搶在他人之前，找出多數人尚未發覺出來的內在價值；市場終究會反映股票的真正內在價值，但是前提是你得要有異於他人的思考和洞見，而不是作夢或一廂情願的期望。

丹尼爾·康納曼（Daniel Kahneman）在他的代表作《快思慢想》

（Thinking, Fast and Slow）一書中，提出由他的諾貝爾獎獲獎研究演變而來的理論，人類的決策制定有以下的兩種模式系統：

【系統一】是一種完全本能的型態識別模式，可以在任何情況下立即融入各種情境，運用經驗法則，並非常迅速地做出決定。

【系統二】是速度較慢、涉及更多思考，且運用更複雜分析的模式。【系統二】可以覆蓋【系統一】，但問題是使用【系統二】需要投入更多的時間和精力。因此，它在許多情況下都未充分利用我們自己真正俱備的能力。經過百萬年的生物演化、要花龐大的心力、以及人類天生的惰性；大部份情形下，人類都不會啟動【系統二】來進行思考。

康納曼的【系統一】其實這就是凱因斯所謂的「動物本能」，是所有人都能立即展現的思考反映，代表的是群眾的智慧。但所有人都在做和都認為是對的，往往不一定就是正確的。這段話用於股市和投資，更證明了它的價值所在。

## 隨時保持懷疑

伯蘭特‧羅素在《不流行的短文》（Unpopular Essays）中寫道：「這個世界的問題在於，愚人和狂熱分子總是對自己如此有自信，而聰明人卻充滿懷疑。」

知名放空機構「渾水」（Muddy Waters）的創辦人卡森‧卜洛克（Carson Block）就說過：「如果一樣東西看上去極其完美，那就值得懷疑。」只要看起來太好太真實，好到令人難以置信的事情，通常就不是真的。在投資的歷史裡，一窩蜂、追捧、炒作的下場都很慘；如果你分不清他們的差別，人

多的地方別摻和,可保你平安無事。

蒙格在 2020 年每日期刊的股東會上回答股東問題時,回憶他在哈佛讀書時,一位教授為了啟發他的思考而告訴他的話:「查理,有什麼問題告訴我,我會讓你更困惑。」蒙格藉此有感而發地告訴在場的股東們:「你若會擔心和疑慮,這其實是對的,因為這證明你有在思考。」

### 投資知識需要「廣度」而非「深度」

巴菲特在提倡「企業的護城河」時特別強調,重點是寬度,而非深度。威廉・伯恩斯坦（William Bernstein）表示:「成功的投資人並非單項冠軍,而是全盤精通的人。」科技股在過去幾十年是驅動美股上漲的根本力量,身為特定領域專家的科技工程師如過江之鯽,每個人都不乏金融界上班或是財經金融博士的親友。按道理來說,科技工程師和金融專家都應是股市投資的成功人士,然而事實並非如此。科技人懂的是自己領域的工程技術、金融界人士懂的是銷售技巧、財經金融博士只能證明他確實很會考試。

每個人都想率先發現產業趨勢,搶佔市場以攫取該產業的大部份利潤;但現實不如想像中容易。然而,我們可以嘗試建立屬於自己的投資哲學和思考系統,畢竟投資的世界遠比你我想像中要複雜多了,不是單靠某幾個在少數領域中具備專業的人就能輕易掌握,**單一領域深度的專家在投資上並無任何優勢,否則諾貝爾獎得主理應都能輕鬆投資致富才是。**

模仿是必要的,也是最有效的方式。但是拿別人的投資方法照單全收,全數用在實務操作上卻很難行得通。唯有找到屬於適合自己的投資哲學和方法,投資才能成功。這是因為每個人的出生、性格、經歷、社會背景、理解

力、價值觀、對未來的計劃、世事的看法、做事的方式，不可能是一樣，這將導致每個人的投資喜好、持股或產業標的、持股期間的長短、組合集中的程度、風險的承受度等因素大相徑庭。但可喜的是，投資成功的方法和原則，至少在大方向上並無太大的差異。

天生的聰明才智並非決定投資成敗的唯一因素，多數人可以透過後天的努力，彌補自己在其他方面的不足。擴展知識廣度最有效的方式，就是投入大量的時間去閱讀，因為閱讀是學習和增進人類知識廣度最有效、最容易，也最被眾人接受的方式，也是史上大多數成功人士的共識。

## 決策無法假手他人──思考不能外包

在《巴菲特的投資原則》（Warren Buffett's Ground Rules）書中有一句我非常贊同的話：「**不能把思考『外包』出去，這件事必須自己做。**」如果你的思維完全依賴他人，只要一超出你的領域，就需求助專家的建議，那麼你將遭受很多災難。這也是大部分投資人為何會在市場崩盤或大幅修正時，猶如旅鼠般恐慌性出脫的根本原因。

《美國新聞與世界報道》（U.S. News & World Report）在1994年刊出的〈在華爾街大展拳腳〉（Striking Out at Wall Street）文章裡，特別採訪巴菲特，他表示：「你必需自己想。我發現很多絕頂聰明的人，他們只會模仿別人。我從沒有藉由和別人談話而得到好的點子。我們之所以能取得今天的成功，主要在於我們把大量時間用於思考。」

凱雷集團（Carlyle）的創辦人大衛·魯賓斯坦（David Rubenstein）表示：

「偉大的投資者喜歡做出最終決定，他們不想將決定權委託給別人。當他們做出錯誤的決定時，會承認這一點並往前看。」

**分析師提出的報告，有用嗎？**

　　投資人真正要學習的是這些華爾街分析師們的分析方法、思考邏輯，這才是最大的價值所在。如果你能融會貫通，學會他們分析背後的研究方法，那我真要恭喜你了，因為你已不再需要任何分析師的報告，憑你自己的能力就可以寫出一份擲地有聲的報告了。

　　《Working Together》書中曾記載巴菲特說過的一段話：「我們不讀其他人發表的意見，我們希望取得事實，然後進行思考。」

　　彼得‧林區在1994年對全國新聞俱樂部的演講中表示：「投資人不應該每天給經紀人打電話問股票資訊，根本沒用。早上起床查看昨天的股票表現也是沒用的。如果你要計算股票價值，那絕對是浪費時間，你該關注的是持股企業的季度報告才對。如果你持有汽車股票，你要讀的並不是媒體上刊登的財經新聞，反而要關心媒體報導的汽車產業的詳細動態。」

　　我不推薦投資人閱讀分析師的報告，原因是絕大多數的人之所以閱讀分析師的報告，主要原因就是懶惰，終極目的無非是想看投資銀行對自己感興趣的個股有何評價。說穿了，只是想藉此蒐集股價明牌或熱門股，然後由報告裡分析師設定的目標價，進而決定自己的投資計劃。

　　巴菲特在2003年波克夏的股東會上說：「我沒有讀過任何分析報告。如果我真讀了其中一本，那肯定是因為沒有有趣的東西可讀。我不知道為什麼有人會這麼做。」

## 決策始終無法被取代！

《The Templeton Touch》一書引用了坦伯頓的話：「好績效須要大量研究和工作，比多數人想像的辛苦多了。」投資一家公司，是購買公司未來的盈利，要獲得有關公司的未來盈利資訊，並無捷徑。就技術上而言，企業分析相對簡單，只要下工夫，幾乎每個人都可以學會閱讀財務報表。但是要瞭解一個產業未來將如何演變、一家公司要如何適應環境的變遷，則困難許多，必須長時間認真研究，別無他法。這是要成為出色的股票投資人必經之路，而且是每天必須的功課。

2025年3月，蔡崇信接受CNBC訪問時表示：「股票分析師的工作完全可被AI取代。AI可撰寫一份有關輝達（Nvidia）或蘋果（Apple）的分析報告，而且會做得很好。但優秀的分析師能運用自己的判斷力，提出更好的投資建議。就這部份而言，AI不會完全取代人類，它只會提高工作品質。」

每個人都是獨立的個體，不同之處是具有「獨立思考」的能力，這是永遠無法被取代的，也是人類異於其它物種最珍貴的價值所在。

## ▊ 群衆是盲目的──不要淪為烏合之衆

《烏合之衆》（Psychologie des foules）一書中就曾提出，「人一到群體中，智商就嚴重降低，為了獲得認同，個體願意拋棄是非，用智商去換取那份讓人備感安全的歸屬感。」當一群人在一起時，比起個人獨處的時候，群衆聚集時的集體智商反而會大幅下降。大衆沒有辨別能力，因而無法判斷事情的真偽，許多經不起推敲的觀點，都能輕而易舉的得到普遍的贊同！人們

始終有一種錯覺，以為我們的感情源自於我們自己的內心。其實未必，很多情況下，我們的情感來自於群體對我們的評價。

群體只會幹兩種事：錦上添花或落井下石。群眾從未渴求過真理，他們對不合口味的證據視而不見。孤立的個體具有控制自身反應行為的能力，而群體則不具備這樣的能力。群體盲從意識會淹沒個體的理性，個體一旦將自己歸入該群體，其原本獨立的理性就會被群體的無知瘋狂所淹沒。這也是會議不見得是能達成大部份人所期望，集合眾人的智慧所產生的結果；相反地，結果往往和眾人的認知相反。

**群眾是市場的「反指標」**

中國有一句俗語「一犬吠形，百犬吠聲。」群眾智慧在類似的情況下，會退化成趨同思維。這時候，所有成員都會遵循他們所察覺到的集體共識，而股市則是最容易產生這種從眾傾向的地方。馬克·吐溫在《Notebook》一書中寫道：「大多數人永遠都是錯的。每當你發現自己站在大多數人的一邊時，就該進行改革，或停下來反思了。」

群眾總是基於同理心思考，不是理性。查爾斯·麥凱（Charles Mackay）則進一步總結「有句話說得好，群眾是集體思考，一起發瘋；但恢復神智卻是一個個慢慢來。」這句話套用在股票市場，再適合不過了。

在《股票作手回憶錄》中，李佛摩提過股票交易是：「我獨自操作，這是一個人玩的遊戲，我完全靠自己的頭腦，不是嗎？價格不是往我研判的方向走，不必朋友的幫忙；或是往另一個方向走，沒人會那麼好心，幫我制止它的走向。我看不出來有必要把我做的事告訴任何人。我當然有朋友，但我

做的事一直都是一個人秀，這是為什麼我總是獨來獨往的原因。」

和李佛摩同年代，在股市和政壇皆有巨大成就，而且屢次都在股市崩盤前都能完全脫身的巴魯克，後來更悟出，他在股市裡取得成功的重要原因是遠離眾人。後來，他乾脆直接搬離紐約市，過著獨自思考看盤下單的投資生活。

## 無需害怕自己的「與眾不同」

被《財富》雜誌和《原子習慣》一書所引用的巴菲特名言：「成功人士和真正成功人士之間的區別在於，真正成功人士幾乎對一切都說不。」不要害怕嘗試很多不同的事情，無論你做了什麼，不要讓別人來告訴你必須怎麼做，每個人都必需把握機會，書寫自己的故事。

亞瑟・叔本華（Arthur Schopenhaur）在《人生與智慧》（Wisdom of Life）一書裡寫道：「由於人性的一個特殊弱點，人們通常會過度考慮別人對自己的看法；儘管稍微思考一下就會發現，無論這種觀點是什麼，它本身並不是幸福的必要條件。」

經典著作《就業、利息和貨幣通論》書中就寫道：「長期投資者，也就是最能促進公眾利益的人，在實務上往往遭受最多的批評，無論投資基金是由委員會、董事會或銀行管理。因為在一般人看來，他的行為本質上就應該是古怪、不落俗套和魯莽的。如果他成功了，那只會證實人們普遍認為他的魯莽；而如果他短期內失敗──這很有可能──他也不會得到太多寬恕。世間的智慧告訴我們，與其以非常規的方式取得成功，不如以常規的方式失敗。」

投資的核心原則是必須和一般人的行爲相反才行，因爲如果所有人都一致認同你的投資想法的話，那個投資標的價格無疑一定也會非常昂貴，而且不具備投資的吸引力。誠如《非常潛力股》（Common Stocks and Uncommon Profits）書中所寫：「做其他人目前正在做的事情，是一般人幾乎無法抗拒會去做的事，但這經常是根本就不對的事情。」

### 偉大的成就，來自平凡的堅持

　　巴菲特在2008年的股東信中寫道：「要警惕那些引發掌聲的投資活動；偉大的舉措通常只會招致冷漠。」

　　他在1994年的股東信中寫道：「葛拉漢45年前告訴我，投資並不需要做非凡之事，才能獲得非凡的成果。在以後的人生中，我驚訝地發現，這句話在企業管理上同樣適用。一個管理者要做的就是把基本的事情處理好，不要分心。」最好的成功可以來自那些始終如一的人，浮華的想法和宏偉的計劃一開始總能獲得讚嘆，但最後往往是草草收場。

　　巴菲特在1994年的股東信中寫道：「投資人必須謹記，你的投資成績並非像奧運跳水比賽的方式評分，難度高低並不重要，正確投資一家簡單易懂而競爭力持續的公司，其所能得到的回報，與你辛苦分析一家變化不斷、複雜難懂的公司，結果可說是不相上下。」

## ▌不要隨波逐流──人云亦云是大忌

　　人們往往會有惰於追求眞相、西瓜倚大邊、相信權威的天性，總認爲多

數人的意見一定正確。凡事捕風捉影不求甚解、未審先判，結果就是眾口鑠金，淪為他人的棋子，讓命運任人擺佈。股價大幅下挫時，一律都認為是落下的刀子，讓自己錯過逢低買進的良機。反之若崩盤出清持股時，還在偷偷慶幸自己真是天縱英明。

一般人多半缺乏思辨的能力、沒有知識和能力判斷，導致一昧相信官方的說法，或是被媒體、廣告、名人倡議、社群網路、置入性行銷、偽裝成知識的資訊、慈善義賣、推廣活動，甚至學校的課程所洗腦。可怕的是，這些行為和社會地位、學歷，或智商全部無關；因為人們冀望尋找遵循的標準，藉此取得安全感的天性。

傑克‧史瓦格在《成為金融怪傑》一書中強調：「事實上我發現，『自信』是我採訪的成功交易者們共同的人格特徵。缺乏自信的最主要特徵之一，就是尋求他人的意見。聽取別人的意見，只會對自己的投資造成傷害，不會有任何幫助。」他還說：「如果你聽從任何人的意見，不論對方的投資技巧多高明，或是頂尖交易者，我保證結局都很糟糕。」

## 投資不是投票

人們時常會四處詢問他人對某檔股票的意見，藉由民意調查來決定投資意向，將自己的命運交由和你沒有利害相關的人來決定。這麼做除了尋求心理的慰藉、同儕的認同、推卸自己應該承擔的責任之外，其實和求神問卜並無多大差異。大盤就是所有投資人的投票結果，約翰‧坦伯頓（John Templeton）在其著作《坦伯頓格言》（Templeton Maxims）中寫道：「如果你購買與其他人相同的證券，你就會得到與其他人相同的結果。除非你採取

與大多數人不同的做法，否則不可能獲得卓越的業績。」

　　投資和民意調查是兩回事，不是大部份人的意見所向就是正確的。蒙格說得很好：「如果只會模仿眾人的行為，那只能得到一般平庸的回報。」巴菲特在1965年巴菲特合伙公司的股東信裡寫道：「我們不會因為重要人物、敢於直言的人或大量的人同意我們的觀點而感到安慰。如果他們不這樣做，我們也不會感到安慰。民意調查不能代替思考。」

## 逆向思考

　　凱因斯曾提過，股市的投資人必須要能耐得住群眾中的孤獨，他在1937年《凱因斯致股票投資者的信》（Keynes to a Fellow Stock Investor）中寫道：「股票市場投資是生活和活動的一個領域，在這個領域中，勝利、安全和成功總是屬於少數人，而不是多數人。要是發現有人贊同你的看法，就得改變想法了。當我能夠說服保險公司董事會購買股票時，根據我的經驗，這就是出售股票的最佳時機。」

　　他進一步解釋：「我投資的核心原則是與普世觀點相反，因為如果每個人都認同某項投資的優點，那麼這項投資必然會過於昂貴，因此缺乏吸引力。現在顯然我無法兩全其美——投資的全部意義在於大多數人不同意它。因此，如果其他相關人員缺乏信心與我競爭，那麼我必須退出這場實力懸殊的戰鬥。」

　　《智慧型股票投資人》一書裡，建議投資人如果想在股市成功，必須遵守的投資策略是「選擇的股票第一要穩健有展望，第二則是在華爾街不熱門。」葛拉漢的第二個觀點倒是和彼得‧林區的建議完全相同。彼得‧林區

建議投資人，若想要成功取得較高的報酬，就要選擇華爾街不熱門的股票，也就是得到華爾街愈少關注的愈好，大型投資機構未持有的更棒。

「最好是注意被鄙視的東西而不是被擁護的東西。」這也是巴菲特在2005年波克夏的股東會上，回答股東提問時曾說過的一句話。若多數人都對股票感興趣時，這通常就是每個人都這麼認為的時刻，而你真正應該要感興趣的時刻，應是乏人問津時。**畢竟當眾人都喜歡的時候，你是不可能會買到划算的東西。**

## 試著反過來想

蒙格在他的《窮查理的普通常識》（Poor Charlie's Almanack）一書裡，引用了數學家卡爾・雅各比（Carl Jacobi）的名言「反過來想，總是反過來想！」。他希望藉此提醒人們，凡事除了順向思考，更要習慣反向思考。**反向思考讓我們能用另一個角度看事情，並且得到在正面思考時，無法得出的結論。**

1988年《財星》雜誌刊登了一篇題為〈巴菲特的內幕故事〉（The Inside Story of Warren Buffett）的人物專訪，波克夏的保險業務負責人麥可・哥德堡（Michael Goldberg）表示：「巴菲特總是在檢驗著他所聽到的東西，是不是合理？是不是錯了？整個世界的格局都在他的腦海裡。那裡似乎有台計算機，不停地把新事物和他已有的經驗和知識對比；還在不斷地發問，這對我們來說代表什麼意義？」

巴菲特曾經在2010波克夏股東會上說：「人們買了一檔股票，認為如果股價上漲，那就太好了；如果股價下跌，那就糟糕了。而我們的想法恰恰

相反；當股價下跌時，我們會喜歡它，因爲我們會買更多。」

## 閱讀的重要性無可取代

　　閱讀什麼書，基本上就決定了你的高度和格局。以股票投資而言，眞正經典的書不會太多（見附錄 4）。如果眞正好好地讀過這些書籍，甚至從中體會深意，提筆寫下自己的心得和作者進行深度的交流者；這將毫無意外，這表示你會是一個成功的投資人，至少你已走在正確的投資道路上了。

　　閱讀是獲得知識最好的方法。你若欠缺淵博和廣泛的知識，那要根據什麼東西來思考？沒有知識，也就無從判斷訊息的眞僞。沒有足夠的知識，更無法形成自己的思想和看法，容易人云亦云被洗腦，甚至落入被人操控而不自知的窘境，最後只能隨波逐流，變成附和他人的羔羊。

　　閱讀是任何人無從避開，獲得知識的最好方法，千年不變，未來也不會改變，它能讓你暫時與世隔離、安靜下來、沉澱下來、慢下來、迫使你深入和獨立地進行思考。閱讀也是唯一一種能讓我們從那些比我們早幾十年、幾百年、甚至幾千年的智者身上，獲得眞知灼見的方式。歷史上偉大的人物和最聰明的人都會主動閱讀，每個人都應該如此。畢竟我們能眞正接觸一流人物的機會少之又少，但是一流人物的著作，確實是任何人隨時都能閱讀得到的。

　　透過閱讀，可讓我們站在巨人的肩膀上，使你變得更強大。一本書就可以系統化的輕易獲得他人想傳遞的知識，避免他人所犯過的錯誤、擷取作者的心得和人生智慧和經驗，這可都是無價的東西。威士卡的創辦人迪伊．

哈克（Dee Hock）在他的著作《Autobiography of a Restless Mind》裡寫道：「一本書遠遠不只有作者書寫的內容，它還包含你能夠想像得到與讀懂的一切。」

**看書是最划算的投資，閱讀可以使人心情沉澱、拋開不安，使人的頭腦清晰，有利於整理思緒**。更重要的是閱讀時你必需心無旁鶩、聚精會神、專心一致，而且閱讀時會強迫你進行思考，因此它也是一種思考的型式。傳統紙本書是最好的選擇，電子載體會令人分心，也傷眼不耐久讀。透過書中的旁徵博引，可以得到觸類旁通的效果。隨著時間的推進，和你的人生經歷的增長，知識的增加和投資一樣，也會有複利的累積效果。

## 哪些閱讀有益於投資？

巴菲特在2003年波克夏股東會上說：「我們閱讀很多東西：日報、年報、10-K[11]、10-Q、商業雜誌等。幸運的是，投資業是一個知識累積並形成有用的知識庫的產業。隨著時間的推移，有很多東西需要吸收。」在會中，他和還蒙格推薦《華爾街日報》、《紐約時報》的商業版、《財星》雜誌、大量的金融出版品，而且特別強調他沒讀過任何分析師的報告。

巴菲特在2015年接受傑夫·坎寧安（Jeff Cunningham）的訪問時說道：「我只是讀啊讀啊讀。我每天大概讀書5至6個小時，現在讀書的速度不如年輕時快。我讀了5份日報、相當數量的雜誌、10-K財報、年度報告，還讀了很多其他東西。我一直很喜歡閱讀；例如，我喜歡讀傳記。」

巴菲特他在2007年告訴波克夏的股東們：「盡一切可能讀任何東西，只要其中的1%帶來了一個偉大的投資理念，就會感到幸運了。」我自己統

計過，至今讀過約上千本和股票投資、企業、產業、歷史，以及名人傳記相關的書籍，這的確對我的投資生涯和人生發生重大的影響，而且許多重要的書籍我會一再重讀。我的日常生活，閱讀佔去70%以上的時間；主要是讀企業年報、投資書籍、傳記、重要的英文媒體、專業期刊，和撰寫文章。

**巴菲特的閱讀習慣**

「我就待在辦公室裡，讀一整天的書。仔細地閱讀所有的文件、找出價值遭到低估的股票、股價在淨值以下或是符合價值投資的股票。」巴菲特每天花上80%的時間在閱讀上，他表示自己每天的時程分配是，花2小時講電話、4小時閱讀，其他的時間則進行思考。

在2000年，巴菲特在母校哥倫比亞大學企管所的課堂上，當著165個學生回答學生提問，投資生涯要如何準備起？巴菲特回答「每天讀500頁像這樣子的東西」他隨手指向一堆上市公司的財報和資料；「這就是知識的運作方式，它像複利一樣積累，你們所有人都有能力做到；但我敢保證，你們當中不會有很多人真正去做。」

## 建立自己的投資原則

擁有自己的投資原則，是確保投資能成功的重要一步，史上成功的投資者，都有屬於自己的一套投資原法則或投資哲學。巴菲特曾對《如果第一次投資就學巴菲特》（Buffett's Bites）一書的作者瑞登·豪斯（L. J. Rittenhouse）說過：「如果你無法清楚寫出一件事，那是因為你想得不夠徹

底。」只有被寫下來並書面化的東西，才能讓投資者思慮得更清晰、判斷更有效率、決策更理性、減少情緒化的失誤。

巴菲特 1998 年接受 CNN 專訪時曾說過：「評估公司的傳統方法不會因時空而有所改變，1974 年該用的評估方法，絕對與 1998 年時所用的完全一樣；假如我做不到，那就捨棄不買，然後繼續等待。」他更在 2004 年波克夏的股東會上宣示：「在我看來，現在分析證券與 50 年前沒有什麼不同。」

**1. 投資原則的必要性。**有一套明確的投資原則可以協助你渡過市場的大風大浪，對抗擔心、恐懼、貪婪的擺佈。投資原則是你的信仰，是你的觀念和行為的指南；它就像你無形的導師，時時提醒你在投資的漫漫長路上要隨時駕駛在正確的道路上，不要隨風搖擺，導致脫軌和造成無可彌補的悲劇。

市場先生只有在你堅持遵從自己的投資信念下，才能被你馴服，不要朝秦暮楚，無法堅持自己的投資原則，一切都將是枉然。

**2. 擁有自己的投資原則的好處。**利用投資原則可以快速過濾，節省心力，知道那些投資標的和活動是適合自己。撰寫投資原則的過程，等於是在協助自己尋找和更加確定自己的投資方向、提供一個投資效率的比較基礎、以及必要時改善的依據。有利於找出真正符合自己的投資方向、修正自己的盲點或漏洞、幫助你在投資路上長期的正向發展；更能讓你隨時檢視、回顧、和提醒自己是否還在正確的道路上。

## 如何判斷和驗證投資原則？

**可以持續打敗市場大盤嗎？能夠持續獲利嗎？**如果運用這套投資原則的績效，依舊無法在大多數的期間超越市場大盤，那我奉勸投資人不妨投資追

蹤主要市場大盤指數的指數基金，反而會是更好的選擇，不需要把投資這件事複雜化。拿破崙‧波拿巴（Napoleon Bonaparte）在《聖赫勒拿島紀念館》（Le Mémorial de Sainte-Hélène）日記回憶錄中就說過：「我的偉大並不取決於我的勝利，而是取決於我所創造的持久制度。」

**曾通過熊市的檢驗嗎？使用期限夠長嗎？至少使用超過 10 年嗎？** 一般來說，10 年期間一定會碰到幾次的經濟景氣循環、市場修正、熊市，甚至是崩盤的考驗。所有成功的投資法則都要歷經這些洗禮，才能證明未來是否能繼續通過真實市場的檢驗，持續獲利。

**簡單且容易遵循嗎？** 投資原則要能夠用簡短的文字記錄表達，以幾條規則條列的形式列出。任何成功的投資原則的首要條件是必需簡單而且容易遵循，最好是解釋給你的祖母或你讀小學的孩子聽，他們都可以輕易瞭解的話最好。一如彼得‧林區在 1994 年，對全國新聞俱樂部的演講時所強調的：「如果你不能在 2 分鐘或更短的時間內，向一個 10 歲的孩子解釋你為什麼持有這檔股票，你就不應該持有它。」

太過複雜、太多例外情境、需要數字計算、使用希臘字母或有太大的使用彈性的投資方法，不僅容易在實際運用時出錯，而且很難被複製或採行。

---

11. 內容包括與公司有關的各項資訊，例如企業簡介、產業現況、服務項目與可能面臨的風險、三大報表以及股東權益變動等，藉以讓投資人深入了解該公司每年的營運狀況及未來展望。

## 03 市場波動 vs. 崩盤

「別人貪婪時，我們要恐懼，當別人恐懼時，我們要貪婪。」

——華倫・巴菲特（Warren Buffett）

### ▌股市中，唯一能確定的就是「不確定性」

有個年輕人攔住摩根銀行的創辦人約翰・摩根（John Morgan），向他提問：「你覺得股市接下來會怎麼變化？」

摩根回答他：「市場會波動」。

《智慧型股票投資人》書中曾寫道：「價格波動對真正的投資者來說只有一個重要意義：在價格大幅下跌時，它能為投資者提供買入的機會；在價格大幅上漲時，它能為投資者提供賣出的機會。而在其他時候，如果他忘記股市，那他的收益應該會更好。」

巴菲特在 1994 年波克夏股東信中寫道：「事實上，真正的投資者歡迎波動。市場先生越是躁鬱，投資人可獲得的機會就越大。確實如此，因為劇烈波動的市場意味著穩健的企業會週期性地遭遇不合理的低價。很難想像，這樣的價格對於完全自由投資的投資人來說，會增加風險。要嘛忽視市場，

要嘛利用市場的愚蠢。」

「波動性」是投資者的朋友，而不是金融理論學者一再鼓吹需要「規避的風險」，這是理論和實務之間，最大的區別。

## 市場的功能

《智慧型股票投資人》一書寫道：「持有穩健股票投資組合的投資人，應該預期股票價格會出現波動，既不該擔心大幅下跌，也不要因大幅上漲而興奮。請始終記住，市場報價是為了它的方便而存在，要嘛被利用，要嘛被忽視。絕不該因股票上漲而買進，也不要因股票下跌而賣出。」

葛拉漢最重要的投資理念之一，就是**把投資市場的存在，當成是在服務你、而非指導你的工具**。一位投資人要獲得成功，靠的是正確的商業判斷，加上能夠堅持自己的想法及行為的能力，能不受具有高度傳染性的市場情緒所影響。市場可能會有段時間忽視企業的成功，但最後終究會肯定這個事實。巴菲特在1987年波克夏股東信中寫道：「市場先生是為你服務，而不是指導你。如果有一天他出現特別愚蠢的情緒，你可以忽略它或利用它。但如果你受到它的影響，結果將會是災難性的。」

巴菲特在2023年波克夏股東會上提醒投資人：「給你機會的正是別人做的那些蠢事。我們管理波克夏58年來，我想說，做傻事的人越來越多了。他們做一些大事，也做一些蠢事，而他們這樣做的原因，在某種程度上是因為他們比我們剛開始時，更容易從別人那裡拿到錢。」

## 效率市場假說

效率市場假說（Efficient-market hypothesis，EMH）指在一個證券市場中，價格已完全反映了所有可以獲得的資訊；不論投資人付多大的心力對個股做功課或進行研究，也不能跑贏市場。主張者否認巴菲特的成功是靠技術，他們表示總會有一人能連擲 10 次正面，這個人就是巴菲特。

巴菲特對效率市場假說頗不以為然，在 1984 年哥倫比亞大學的著名演講《葛拉漢-陶德都市的超級投資者們》中，公開且大力反駁效率市場假說信徒們對他的質疑。他指出：「許多學者與投資專家觀察到市場『通常』是有效率的，卻做出不正確的推論，認為市場『永遠』是有效率的，其間的差別是天差地遠。」巴菲特用他自己的投資成績證明市場完全有效只存在於理論的殿堂，不存在於現實的世界。巴菲特曾經在 1995 年接受《財富》雜誌訪問時挖苦地說：「如果市場總是有效的，我將會是一個拿著杯子在街上乞討的流浪漢。」

如果巴菲特的成功只是運氣，那為什麼還有十多位葛拉漢價值投資者的信徒，持續幾十年後也能取得類似於巴菲特的驚人績效報酬呢？

如果沒有任何技術方法，那為何這十多個人，正好使用的也都是價值投資法呢？

如果巴菲特過去的成功是運氣或數學取樣上，機率很低的偶然，那為何巴菲特幾十年來，都能取得比市場大盤高出許多的驚人績效？

在 1988 年的波克夏的股東信中寫道：「基本上效率市場假說認為分析股票是沒有用的，因為所有公開的信息都已經被反應在股價上面了。就葛拉漢-紐曼合夥公司（Graham-Newman Partnership）、巴菲特合夥公司與波克

夏連續63年的套利經驗，說明了效率市場假說有多麼的愚蠢，63年的投資報酬率應該也有超過20%。」

彼得‧林區和喬爾‧葛林布萊特，兩人也很難苟同學術界主張的效率市場假說理論。彼得‧林區表示以他自己和許多同事都看過無數次市場的怪異波動，讓人質疑合理的股價已完全被反映在市場上了，這種說法的合理性需要被斟酌。他自己和許多同行都可以證明，市場是無效的，成功的投資也並非不可能。

效率市場假說乍看起來，似乎言之成理。但它其實是建立在以下許多完美的假設上面：

**1. 投資人很理性，不會受到他人的影響。**但很遺憾地，人類天生就不是理性的動物。理論和實務，兩者間還是存在著很大的差距。

**2. 所有投資人都會立即得知市場的所有訊息。**而且會立刻做出有利於自己的反應。但不可能人人都被充分告知或願意去取得市場的即時的所有訊息，突發性事件更是無法立即被確認其真實性。

**3. 股價已充份反映內在價值，無法從中套利。**因此投資人的平均報酬都會接近於股市大盤表現，沒有人能長期打敗大盤。但實務上是，人們的投資決定是基於研究之後做出推論和假設，可能會有更好的投資選擇，產生不同的結果。

## 股市崩盤

1997年，彼得‧林區在美國公共電視台的「前線」（Frontline）節目上，

為主題為「押注市場」（Betting on the Market）的訪談回答道：「你若身處股市，那你必須知道市場一定會下跌。市場會攀爬到頂峰，但每隔幾年就會出現 10% 的回調，熊市的跌幅則是 20%、25% 甚至 30%。」

## 短期內可能損失過半

股市是會下跌的，至於什麼時候下跌沒人知道，如果投資者不能承受這一點就不應該進場。若是你的心理承受能力不夠高，無法承受市場的波動，真的就不應該進入市場，可以投資貨幣市場基金或者購買國債。巴菲特在 2025 年波克夏的股東會上說：「對你來說，如果自己的股票是否下跌 15% 很重要，那麼你需要改變投資理念。因為世界不會去適應你，而是你必須去適應這個世界。」

《彼得林區選股戰略》中寫道：「在股市上取得成功的人也會接受週期性的損失、挫折和意外事件。災難性的下降並不會嚇阻他們。」

2001 年富達投資（Fidelity Investments）在其網站上發表的內容指出，彼得‧林區所謂的「這裡的關鍵器官是你的胃[12]。每個人都擁有智力，但並非每個人都擁有足夠的胃。」這段話的確是真知灼見。

巴菲特在 2020 年的波克夏年度股東大會上表示：「當你買入一檔股票時，你必須做好準備，即使它下跌 50% 甚至更多，也要坦然接受。」巴菲特在 2018 年接受 CNBC 採訪時指出：「有些人根本不應該持有股票，因為他們對價格波動太過不滿。如果你因為股價下跌而做出愚蠢的事情，那你根本就不應該持有這檔股票。」因為巴菲特說的這種情況，在過去美股百年的歷史進程中，確實發生過不下十次。

### 長期投資要能承受 50%的跌幅

1973 年，蒙格為合夥人管理資金，管理的合夥基金在 1 年之內跌了 50％，市場跌了 40％左右。下跌 50％的情況，光在波克夏股票的歷史上就出現過 3 次。

投資是一件長期的事，如果你想長期投資，你就得承受得住 50％的跌幅而面不改色。誠如「附錄 1」所列，過去 30 年，我的投資組合曾在 2010 年跌去 32.27％，2022 年更崩跌 40.50％！大部份人對此反應皆為負面看法，

表 3-3 二戰後美股熊市 vs. 近年市場修正

| 開始時間 | 見底時間 | 結束時間 |
| --- | --- | --- |
| 1956 年 08 月 | 1957 年 10 月 | 1958 年 09 月 |
| 1961 年 12 月 | 1962 年 06 月 | 1963 年 08 月 |
| 1966 年 02 月 | 1966 年 10 月 | 1967 年 05 月 |
| 1968 年 11 月 | 1970 年 05 月 | 1972 年 03 月 |
| 1973 年 01 月 | 1974 年 10 月 | 1980 年 07 月 |
| 1980 年 11 月 | 1982 年 08 月 | 1982 年 11 月 |
| 1987 年 08 月 | 1987 年 12 月 | 1989 年 07 月 |
| 2000 年 03 月 | 2002 年 10 月 | 2007 年 05 月 |
| 2007 年 10 月 | 2009 年 03 月 | 2013 年 03 月 |
| 2011 年 04 月 | 2011 年 10 月 | 2012 年 02 月 |
| 2020 年 02 月 | 2020 年 03 月 | 2020 年 03 月 |
| 2022 年 01 月 | 2022 年 10 月 | 2023 年 12 月 |
| 2025 年 02 月 | 2025 年 04 月 | 2025 年 05 月 |

資料來源、製表：作者

但我一點兒都不慌張，心情很淡定。理由是，我的投資生涯已經歷過 3 次重挫 40％左右的市場崩盤，深刻瞭解崩盤是投資的一部分，我從不懷疑市場會回到該有的價位。最重要的一點是，我對持股的信心十足；他們都在我的能力圈內，公司的經營狀況不僅未惡化，護城河還持續擴大中。在這樣的簡單評估下，根本不需要驚慌失措。

不要試圖想躲過股市大跌，如果你沒遭遇過這種事，那就表示你不夠積極。據標準普爾道瓊斯指數公司（S&P Dow Jones Indices）的統計，自 1929

| 下跌幅度 | 下跌歷時（月） | 反彈歷時（月） | 熊市總歷時（月） |
| --- | --- | --- | --- |
| -21.60% | 14.7 | 11.1 | 25.8 |
| -28.00% | 6.6 | 14.2 | 20.8 |
| -22.20% | 7.9 | 6.9 | 14.8 |
| -36.10% | 18.1 | 21.3 | 39.5 |
| -48.20% | 20.8 | 69.7 | 90.4 |
| -27.10% | 20.5 | 2.7 | 23.2 |
| -33.50% | 3.3 | 19.7 | 23.1 |
| -49.10% | 30.7 | 55.8 | 86.5 |
| -56.80% | 17 | 48.8 | 65.8 |
| -20.00% | 5 | 5 | 10 |
| -35.41% | 1 | 0.1 | 1.1 |
| -25.40% | 10 | 14 | 24 |
| -20.60% | 1.6 | 1.4 | 3 |

年以來，標普 500 指數進入熊市 15 次，熊市平均持續 18.9 個月。二戰以來，標普 500 指數經歷了 48 次的修正，其中 12 次演變為熊市。而從（表 3-3）所顯示的則是二戰至今，美股歷經的熊市和近年的市場修正情況。

## ▌財富「重新分配」的時刻

每一次的市場崩盤都是投資人很難遇上，從天上掉下來的禮物，也是財富重新分配的最佳時刻。股市這種東西，會把錢從沒耐心的人那邊，悄悄轉移到有耐心的人手中。凱因斯在《自由放任的終結》（The End of Laissez-Faire）一書裡寫道：「正是因為某些個體，在境遇或能力上幸運，能夠利用不確定性和無知，也因為出於同樣的原因，大企業的股票往往是一種彩券，才導致了巨大的財富不平等。」

如果大部份的投資人都能在股市崩盤時買入，那大部份的股市投資人績效應該都很好，都能輕易打敗大盤並從股市致富。可是，真實世界的情形卻恰好是相反的，大部份的股市投資人績效都很差，在股市承平時，想艱難地賺取個位數百分比的報酬卻不可得，只能想方設法地尋找最佳的股市賺錢的心法。這當中最大的問題癥結就是，錯失在股市崩盤時，採取和多數人相反的投資方式；崩盤期間的買入才能大幅提升投資績效，輕易完成致富的夢想。

**投資人應該高興才對**

當市場瀰漫著懷疑與悲觀的情緒時，投資人理應感到高興才對，因為悲觀的情緒會讓許多公司的股價跌到相當吸引人的價位。一旦跌愈深，股票

的安全邊際就愈高,投資虧大錢的機率就會愈低。巴菲特在2025年波克夏的股東會上說過:「當人們最悲觀的時候,就是我們即將達成最好交易的時刻。」

巴菲特在2008年幫《紐約時報》撰稿時指出:「壞消息是投資人最好的朋友,它能讓你用較低的價格買進美國的未來。」股市跌愈深,對長期投資人而言就愈安全,愈發有利可圖,投資人反而應該高興才對。

除非你明天就要賣股票,否則股價對你沒有多大的意義。

**黑夜總會過去**

巴菲特在2016年股東信中提過,企業難免會受獲利不佳衝擊,但大企業總會在5年、10年甚至20年後締造獲利新猷,他寫道:「我們難以知悉經濟是否及何時會陷入衰退,也無法知道衰退將持續多久,但鑑往知來,經濟總是會復甦。」

巴菲特在1997年給股東的信中寫道:「當股價上漲時人們會感到高興,股價下跌時反而覺得沮喪。這種感覺不就等於是當你去買漢堡吃時,看到漢堡漲價卻欣喜若狂,這樣的反應實在沒有道理,只有在短期內間準備賣股票的人才該感到高興,準備買股票的人應該期待股價下滑才是。」

## 如何面對股市崩盤?

為什麼大部份人會在崩盤時急於出脫持股?其中一大理由是因為大部份的人對手上的持股根本一無所知,會持有多半是因為親朋好友或同事推薦、

最近一直上漲、某位名人也持有、財經專家說有未來性、投顧老師報的明牌、大家都買，所以持有並期望它上漲。

**1. 你為何持有投資組合裡的股票？** 如果你的持股是以上任何一種理由買入的，不是因為自己研究、對自己手中的持股夠瞭解、在自己的能力圈範圍內，或對其未來的表現有足夠的信心。當市場走跌時，連自己都沒辦法說服了，又如何抵擋市場下行風險或群眾的意見呢？

崩盤時，滿地都是便宜的股票，平時估值高不可攀讓你下不了手的股票，現在都在向你招手。如果平時你有做功課，你也認為價格合理，理應逢低買進。

巴菲特在 2016 年波克夏股東信中寫道：「每隔 10 年左右，經濟的天空就會佈滿烏雲，然後短暫地下起金雨。當這樣的暴雨出現時，我們必須帶著洗衣盆而非湯匙衝到戶外，我們確實會這樣做。」

接著他又寫道：「在這種令人驚懼的時期，你永遠不能忘記兩件事；其一，市場恐慌是投資人的朋友，因為這能帶來便宜的買進機會。其二，個人的恐慌是自己的敵人，這種恐慌根本毫無根據。」

**2. 要買進而不是賣出。** 1939 年，約翰‧坦伯頓就正式把《坦伯頓格言》的原則付諸實踐：「在悲觀時期買進：牛市誕生於悲觀，成長於懷疑，成熟於樂觀，消亡於興奮。最悲觀的時候是最佳買進時機，最樂觀的時候是最佳賣出時機。當其他人沮喪地拋售時買入，當其他人貪婪地買入時賣出。這需要最大的毅力，也才能獲得最大的回報。

換句話說，想在股市中撿便宜，唯一的方法是買進多數投資人在賣出的東西。李佛摩在《股票作手回憶錄》裡也做過類似的評語：「成功的交易人

必須力抗希望和害怕這兩種根深蒂固的本能,而且必須將他們倒過來運用。也就是在你抱著希望時,其實應該感到害怕;在你感到害怕時,其實應該抱著希望。像一般人那樣炒股,絕對是錯的。」

大部份的投資人在股市賺錢或承平時期,都信誓旦旦要做長期投資人,但是一旦碰到股市大回檔或崩盤時,卻競相出清手中的持股,以避免眼前的虧損。股市崩盤時要做的應是買進,而不是賣出!股市崩盤時,最大的錯誤就是賣股票,尤其是自認為聰明地把手上的持股全部出清──這麼做的人,幾無例外,後來都會懊悔不已,悔不當初。

一如巴菲特在 2004 年股東信中所寫的:「別人貪婪時,我們要恐懼;當別人恐懼時,我們要貪婪。」他還進一步表示:這做起來很難,但至少你要確定能做到一點「別人貪婪時勿跟著貪婪,別人恐懼時也別跟著恐懼;至少嘗試不要隨波逐流。」股市崩盤投資人應該高興才對,這是成功投資人或想賺大錢的投資人的第一步,如果你辦不到,那你就應讓退出股市,以保平安。

## 頂尖投資人,崩盤時會怎麼做?

凱因斯在 1933 年底的美國大蕭條時表示:「這種買到便宜的機會偶爾才會發生一次,投入這個不理性,題材不流行的市場的時機已經來臨。」隔年,凱因斯的財產淨值暴增幾乎 2 倍。上個世紀中葉全球最富有的大亨保羅‧蓋提(Paul Getty)在 1962 年美股大崩盤的期間,記者問他現在想做什麼時,他坦白地回答說:「我正在買股票,此時如果不買股票就是愚蠢的!」

1973 年時,美國股市崩盤造成長達 2 年的熊市,巴菲特向《富比士》

雜誌表示，當時他忙著物色投資標的，覺得自己有如一個「置身於後宮的性慾旺盛的男子。」華爾街認為《華盛頓郵報》（The Washington Post）的價值在 4 億至 5 億美元之間，但是它當時的市值僅有 1 億美元。巴菲特僅花了 1,000 萬美元買入 170 萬股。到 2013 年貝索斯收購該報紙時，巴菲特持有的 170 萬股市值約為 10.1 億美元，為他賺進 9,000% 的回報。

如果股市崩盤時，你心裡很徬徨無助，不知如何是好，那麼最簡單的消極作法就是「什麼都不要做。」關掉電腦、手機、或電視，每天早點上床睡覺。若真睡不著的話，也不必浪費時間盯盤或聽財經專家的看法，因為他們知道或不知道的訊息不會比你多，也不會比你少。此時的你，應該出門去運動或散步，這樣反而有益身體健康。緊盯著下墜的指數看，只會讓你心跳加速和焦慮，對身體反而有害。

巴菲特在 2002 年的股東信中寫道：「成功的投資本來就需要偶爾刻意的不作為。」股票並不曉得你擁有它，股市不會因為你擔心你的持股，或是你的關心而停止上漲或下跌。

**作者在崩盤時是怎麼做的？**

（表 3-4）就是我在自己美股投資生涯中，曾經遭遇過的幾次美股崩盤或大幅修正期間的交易記錄，至今我還持有不少當時買進的股票，這也是我投資生涯中獲利較為豐碩的一群，主因就是我當時買進的價格夠低。

請記住：你的投資報酬在買進當下就已決定了。除此之外，過去 30 年，我未曾在市場崩盤或大幅修正期間賣出過任何一檔股票。

表 3-4 作者於歷次美股崩盤時的交易記錄

| 年度 | 引發崩盤的原因 | 美股出現的結果 | 逢低買進的個股 |
|---|---|---|---|
| 2025 年 | 川普宣佈對等關稅，引發全球貿易戰 | 標普 500 和那斯達克指數分別跌去 20.6 % 和 23.8% | 直覺手術、博通、微軟、Arista、萃奕 |
| 2020 年 | 新冠疫情 | 道瓊崩跌 38.40 %，標普 500 跌掉 35.41% | 微軟 |
| 2011 年 | 歐債危機 | 標普 500 跌入熊市 | 蘋果、亞馬遜、直覺手術、威士卡、萬士達卡 |
| 2008 年 | 金融海嘯，引發全球金融危機 | 標普 500 和那斯達克雙雙大跌 55% | 蘋果、威士卡、輝達、耐吉、賽門鐵克、波克夏、博通 |
| 2000 年 | 網路泡沫化 | 標普 500 跌去 49.1%，那斯達克指數跌去 78% | 甲骨文、安謀、德州儀器、IBM |

資料來源、製表：作者

## 崩盤過後股市總會再攀新高

　　股市大盤長期而言是向上的，每次確定股市擺脫崩盤時的大盤指數，都會比上次進入熊市前的指數水準高出一大截，不會有例外，主因有兩個：一是股市反彈後，原本離開的投資人開始蜂擁而上，重新回到股市並投入資金，進而推升股市行情；二是因為大家都認定，現在買股票相對安全了。

　　經過幾年的熊市或崩盤，通膨已讓金錢變薄了，股價都會隨通膨自動上調，大盤數字的上漲只是反應通膨，沒什麼好高興的，充其量只是讓投資人帳上金額和大盤指數的數字變高罷了。

### 崩盤時出清持股的後果

**1. 股市長期走勢是向上的。** 長期的投資人一定會經歷約 10 年一次的崩盤，如果投資人可以挺過去，下次崩盤時，因為貨幣貶值，再加上你的資金大致上已經又經過了 10 年的累積也會大幅成長。一般而言，你的投資組合報酬在下一次崩跌時，由前次的崩盤底部算起，你的投資組合在第二次崩盤的底部都會是正報酬。

**2. 回頭買進的是墊高後的價格。** 大部分的投資人會在崩盤時，害怕繼續下探，進而出清手中持股。等到市場明顯回溫，不再大幅下挫時再重返市場。但是當市場信心恢復之後，你再回頭買入股票時，投資人所買入的價格是因為市場樂觀後被墊高的溢價。而此時你買入的價格，還必須再加上崩盤期間，貨幣貶值和通膨雙重效應之下所墊高的價格。

**3. 長期投資的「複利」被迫中斷。** 有一點是多數投資人所忽略的：如果投資人在崩盤時心生恐慌，將投資組合全數出清，那麼投資人過去幾年耗費心血累積的長期投資複利就會中斷。一如蒙格在每日期刊 2020 年股東會上所言：「複利的第一條規則是：不要無故打斷它。」很多投資人賺不了錢，就是在股市高點時加入定期定額，反而在崩盤時停止扣款。這樣的投資行為會使投資人減少財產累積所能擁有的剩餘時間，因為你必須從新開始，那就和剛入市場的 20 歲年輕人一樣，在股市沒有經歷。但最大的損失是你已喪失過去數年累積，且已經過市場考驗的投資組合資產。

20 歲年輕人沒有過往累積的資金和投資經驗，這是有經驗的投資人勝過年輕人之處，但 20 歲年輕人日後可比你有更長的時間，可以累積時間複利產生的財富；相較之下，你已經揮霍掉了一段時間而不自知。時間是投資

人最珍貴的資產，不論你多努力，失去後再也回不來，而複利正好就是時間的方程式。

**4. 一切必須重新開始。**在股市進入熊市或崩盤時，看原本賺不少的持股一直縮水，多數人會在即將轉為負報酬前；認為至少在還有獲利之前，把持股全賣了，保持空手，站在旁邊當觀眾不參與，靜待股市反彈。

股市開始反彈後，因為之前暴跌經驗還歷歷在目，人們會等到很確定股市擺脫熊市後才會再度進場。但此時的指數通常距離底部已經很遠，而且往後的股市漲幅相對會較小，股市漲幅最大的一段，往往都是由底部到幾乎確定擺脫熊市的這一小段期間。除非你勇敢留在市場上，不然多數人一定會錯過這段漲幅最大的期間。

**5. 當你再度進場時，所有的數字都要重新計算。**或許你會反駁，我上次出清時至少保留了子彈，避免資金縮水。可是你當下還是新人呀！最多就只是個資金比 20 歲的年輕人多點資金的新手，但你已經自願放棄參與市場介於下挫和反彈的這段期間的大報酬，而你最大的損失是，最具威力的長期時間複利已經一去不回了。

## 何時代表股市已跌得夠深了？

現在入場安全嗎？要跌到何時？諸如這類的問題，標準答案應該是「沒有人知道。」伯納德‧巴魯克就說過：「不要嘗試想買到最低點，賣到最高點，沒有人有辦法做到這一點，除了騙子。」在股票市場上，沒有 100% 一定會發生的事。

沒有什麼指標或公式可以用來判斷「什麼時候代表股市跌得夠深了？」

想有要準確的指標,沒有!除非你是上帝。但是還是有幾項徵兆,倒是可以提供給大家參考。

**1. 現在安全了嗎?** 當你身邊的朋友,特別是以往都股票不離口的朋友不再以股票為話題,不敢提他最近在股市賠了多少錢時。所有人都鄙視或嘲諷最近買入股票是傻瓜的時候,尤其是媒體充滿財經壞消息、著名企業倒閉、破產、大裁員、失業率飆升。嗯,這時候就應該八九不離十了。

**2. 兩個參考指標!** 如果聯準會改變貨幣政策,提出救市策略,那就一定是市況很緊急,需要聯準會介入並調整政策來救市。

投資人可以注意看巴菲特是不是大幅出手,忙著四處收購經營出現危機的企業,或是媒體報導這位老爺爺花錢不手軟地進入股市大採購,把過去牛市累積的現金全部用上時,差不多就是時候了。

## ▌別把心思花在無謂的事情上

2017 年霍華德‧馬克斯在他的橡樹資本管理公司(Oaktree Capital Management)的備忘錄[13]中,一篇名為〈專家觀點〉(Expert Opinion)的文字裡,大方分享巴菲特在席間告訴他的一段話:「一則訊息值得追求,它應該是『重要的』,並且應該是『可知的』。」巴菲特提出了預測的問題癥結所在「每個人都專注於『不可知』的事情。」對於不可知的事情,巴菲特的看法是:人們是無能為力的。

馬克斯表示:「關於大多數未來事件,沒有『事實』,只有『意見』,所謂的『專家』,經常把他們的『陳述』當作事實,但這並不表示他們確定

能成真。」經濟學家和華爾街整日關心的問題,都是不可能被預測進而得到答案的,而且重點是「沒人能預料到的驚奇如果真的發生了,這才是最能憾動市場的關鍵。」

## 投資需要的是「可知」、「重要」的訊息

葛拉漢曾表示:「身為一名新手,我還沒有被舊體制的扭曲傳統影響,因此,當各種全新的動力開始對金融領域產生影響時,我總能輕易明快採取回應。憑藉著比眾多前輩更透徹的眼光和更敏銳的判斷力,我學會區分什麼是重要的,什麼不重要,什麼是可靠的,什麼不可靠,甚至學會了什麼是誠實的,什麼又不誠實的。」

肯恩‧費雪曾在《投資最重要的3個問題》書中寫道:「要打敗市場,你必須知道一些別人不知道的東西,或者有不同的看法。」他在2004《富比士》雜誌的專欄中也寫道:「如果每個人都知道這一點,那麼它就已經反映在價格中了。」他曾提過他父親菲利浦‧費雪告誡他:「不要靠消息買入股票,要搞清楚的是有誰知道相同的消息,若你不是唯一的一個知道這條消息的人的話,那表示天下所有的人都知道這件事,那你買入的就毫無優勢可言。」

## 一廂情願

大多數人不是喜歡投資,而是喜歡交易;不是喜歡研究,只是喜歡算計。投資人總是希望一切如其所願的發展,無法接受任何負面消息或承受事實的打擊。人類心理總是需要虛偽受鼓勵的精神,藉以掩飾投資決策中固有的不

確定性，害怕自己無法掌控事情的發展。

　　大部份投資人犯下的最大錯誤，就是把一切全數寄托在希望上，但希望就只是希望，不一定會發生。人的天性是樂觀的，總是一廂情願地認為或期望自己所認定的事情一定會發生。永遠不要用希望來取代事實，自信心的失落會是你最大的虧損。天性樂觀在日常生活中當然很好，但在投資上就不會是助力。這種假造出來的正確性，就好像在黑暗的股市中吹口哨壯膽，無非就是想讓內心平靜舒服，刻意隱藏自己對未來的無知與恐慌。

**預測市場**

　　凱因斯在《貨幣論》第二冊（A Treatise on Money, Volume II）裡寫道：「即使是最了解情況的投資者，對於更遙遠的未來往往也知之甚少，甚至遠遠超過他的知識領域。」

　　丹麥諺語亦曾說過：「預測很困難，尤其是與未來有關的。」而凱因斯在《就業、利息和貨幣通論》中寫道：「基於真正的長期預期的投資非常困難，幾乎不可行。」

　　巴菲特在 1994 年波克夏股東信中寫道：「我不會試圖預測整個市場——我努力致力於尋找被低估的證券。」巴菲特在 1996 年 CNBC 的訪問中說過：「我不會試圖預測股市或經濟趨勢，我只專注於自己了解的業務。」此外，他更在 2017 年 CNBC 財經頻道 Squawk Box 的訪問中進一步表示：「我不擅長預測 2 年、3 年或 5 年後的事情。」巴菲特在 1985 年的《澳洲金融評論報》（The Australian Financial Review）裡說過：「人們會充滿貪婪、恐懼或愚蠢，這是可以預見的，但唯獨順序是無法被預測的。」

《彼得林區選股戰略》書中也寫道:「很顯然地,你不必能夠預測股市就可以在股票中賺錢,不然我就不會賺到錢啊!我處理的是事實,而不是預測未來。水晶球那種東西是行不通的。沒有人能夠預測利率、經濟的未來走向或股票市場。投資人應該忽略所有這些預測,專注於你所投資的公司實際發生的事情。」

1994 年,彼得‧林區在國家新聞俱樂部的演講中表示:「人們試圖預測股票市場,這完全是浪費時間,沒有人能夠預測股市。」他更在 3 年後的演講中嘲諷說道:「我不記得自己曾在《富比士》全球富豪榜上,看過任何一位預測市場者的名字。」

---

12. 此處的「胃」,代表人們對壓力的承受度。
13. 霍華德‧馬克斯合資創辦的橡樹資本管理公司(Oaktree Capital Management),定期提供給客戶的文件內容,其詳述個人投資策略及對於經濟情勢看法的研究報告,故名為「橡樹備忘錄」。

| 附錄 |

附錄 1 ｜ 林子揚的歷年年度投資績效表，不含股利（1996 年至 2024 年）

| 年份 | 年度回報 | | |
|---|---|---|---|
| | 林子揚的組合 | 標普 500 指數 | 台股加權指數 |
| 1996 | 30.27% | 20.26% | 34.00% |
| 1997 | 35.19% | 31.01% | 18.10% |
| 1999 | 12.64% | 19.53% | 31.60% |
| 2000 | 40.20% | -10.14% | -43.90% |
| 2001 | 30.54% | -13.04% | 17.10% |
| 2002 | -12.20% | -23.37% | -19.80% |
| 2003 | 51.48% | 26.38% | 32.30% |
| 2005 | -3.59% | 3.00% | 6.70% |
| 2006 | 33.34% | 13.62% | 19.50% |
| 2008 | -21.79% | -38.49% | -46.00% |
| 2009 | 128.61% | 23.45% | 78.30% |
| 2011 | 14.75% | 0.00% | -21.20% |
| 2012 | 33.73% | 13.41% | 8.90% |
| 2013 | 24.96% | 29.60% | 11.80% |
| 2014 | 50.65% | 11.39% | 8.10% |
| 2015 | 2.53% | -0.73% | -10.40% |
| 2016 | 4.62% | 9.54% | 11.00% |
| 2017 | 55.08% | 19.42% | 15.00% |
| 2018 | 7.20% | -6.24% | -8.60% |
| 2019 | 73.43% | 28.88% | 23.30% |
| 2020 | 83.33% | 16.53% | 22.23% |
| 2021 | 15.68% | 26.89% | 23.66% |
| 2022 | -40.50% | -19.44% | -22.40% |
| 2023 | 50.38% | 24.23% | 26.83% |
| 2024 | 29.86% | 24.01% | 28.47% |
| 年化投資報酬率 | 22.76% | 8.12% | 8.25% |

附錄 2 | 全球主要股市過去 30 年的報酬表現比較一覽表（不含股利）

| 國家 | 代表該國的大盤指數 | 2013-2021 年該國平均 GDP 成長 | 過去 10 年股市報酬 |
|------|------|------|------|
| 美國 | 標普 500 指數 | 2.027% | 125.35% |
| 中國 | 上證指數 | 6.556% | 57.15% |
| 日本 | 日經指數 | 0.473% | 117.92% |
| 香港 | 恒生指數 | 1.701% | -20.26% |
| 印度 | 孟買敏感 30 指數 | 5.622% | 156.81% |
| 英國 | 富時 100 指數 | 1.488% | 8.00% |
| 德國 | DAX 指數 | 1.122% | 59.99% |
| 法國 | CAC 40 指數 | 1.026% | 64.24% |
| 南韓 | 韓國綜合指數 | 3.057% | 26.00% |
| 台灣 | 台灣加權指數 | 3.293% | 108.22% |
| 新加坡 | 海峽時報指數 | 3.131% | -6.41% |
| 巴西 | 巴西指數 | 0.156% | 107.81% |
| 印尼 | 雅加達綜合指數 | 4.151% | 33.96% |
| 越南 | 胡志明股市指數 | 5.829% | 94.22% |

表 1- 全球主要股市過去 30 年的表現（以 7/9/2023 回推，股市數據來自谷歌財經和雅虎財經，

| 過去 20 年股市報酬 | 過去 30 年股市報酬 | 過去 30 年股市年化報酬率 |
| --- | --- | --- |
| 298.40% | 893.56% | 7.96% |
| 123.93% | 355.73% | 5.19% |
| 185.37% | 61.05% | 1.6% |
| 51.45% | 119.14% | 2.65% |
| 1221.29% | 1486.42% | 9.65% |
| 65.91% | 134.01% | 2.87% |
| 299.84% | 666.27% | 7.02% |
| 95.19% | 272.79% | 4.49% |
| 237.24% | 32.51% | 0.96% |
| 204.39% | 195.18% | 3.67% |
| 52.43% | 40.62% | 1.15% |
| 190.06% | 599.81% | 6.7% |
| 784.34% | 1388.51% | 9.42% |
| 366.47% | 1031.48% | 8.42% |

部份開發中國家未達 30 年的股市資料以 30 年表示;GDP 數據來自 IMF)

### 附錄 3 ｜林子揚開發的免費美股投資工具程式列表

| 主題 | 該工具的網路連結網址 |
| --- | --- |
| **年化報酬率和複利** | https://granitefirm.com/tools/ |
| 年化報酬率（IRR）計算器 | https://granitefirm.com/tools/irr/ |
| 單利和複利計算器 | https://granitefirm.com/tools/compoundinterest/ |
| **主要市場指數年化報酬率查詢** | |
| 台灣加權股價指數年化報酬率查詢器 | https://granitefirm.com/tools/taiex/ |
| 道瓊指數年化報酬率查詢器 | https://granitefirm.com/tools/djia/ |
| 標普 500 指數年化報酬率查詢器 | https://granitefirm.com/tools/sp500/ |
| 那斯達克指數年化報酬率查詢器 | https://granitefirm.com/tools/nasdaq/ |
| 費城半導體指數年化報酬率查詢器 | https://granitefirm.com/tools/sox/ |
| **主要經濟數據查詢** | |
| 美國歷年國內生產總值（GDP）查詢器 | https://granitefirm.com/tools/gdp/ |
| 美國歷年通貨膨脹率查詢器 | https://granitefirm.com/tools/inflation/ |
| **估值** | |
| 現金流折現（DCF）計算器 | https://granitefirm.com/tools/dcf/ |
| 標普 500 歷年本益比和平均值查詢器 | https://granitefirm.com/tools/sp500pe/ |
| **資料分享** | |
| 檔案和範例下載 | https://granitefirm.com/tools/filedownload/ |

| | |
|---|---|
| | **詳細功能說明，請搜尋林子揚部落格裡對應的說明文章** |
| | https://granitefirm.com/blog/ |
| | 《年化投資報酬率（IRR）計算器》的說明文章 |
| | 《單利和複利計算器》的說明文章 |
| | |
| | 《台灣指數，台股年化報酬率查詢器》的說明文章 |
| | 《道瓊工業指數歷年年化報酬率查詢器》的說明文章 |
| | 《標普 500 指數年化報酬率查詢器》的說明文章 |
| | 《那斯達克指數歷年年化報酬率查詢器》的說明文章 |
| | 《費城半導體指數歷年年化報酬率查詢器》的說明文章 |
| | |
| | 《美國歷年國內生產總值 GDP 查詢器》的說明文章 |
| | 《美國歷年通貨膨脹率查詢器》的說明文章 |
| | |
| | 《現金流量折現（DCF）計算器》的說明文章 |
| | 《標普 500 歷年本益比和平均值查詢》的說明文章 |
| | |
| | 《本站範例和檔案下載》的說明文章 |

## 附錄 4 ｜ 林子揚推薦的投資書籍

### 第一部份：作者已出版的投資書籍
讀者可以連上作者的網站，取得者對書籍的更完整介紹：(https://granitefirm.com/investing/publish/books_published.html)
1. 《超級成長股投資法則》（The Rules of Super Growth Stocks Investing）
   作者：林子揚（Andy Lin）
2. 《10倍股法則》（The Rules of 10 Baggers） 作者：林子揚（Andy Lin）

### 第二部份：巴菲特和蒙格寫給股東的信
1. 波克夏‧海瑟威公司（Berkshire Hathaway）歷年的股東信（https://berkshirehathaway.com/letters/letters.html）
2. 巴菲特合伙公司（Buffett Partnership）歷年的股東信（https://www.rbcpa.com/warren-e-buffett/buffett-letters-1959-present/）
3. 魏斯可金融公司（Wesco Financial）歷年的股東信（https://worldlypartners.com/charlie-munger-archive/）
4. 藍籌印花公司（Blue Chips Stamps）歷年的股東信（https://worldlypartners.com/charlie-munger-archive/）

### 第三部份：經典的投資書籍
讀者可以連上作者的網站，取得經典投資書籍推薦的完整書單（https://granitefirm.com/investing/reference/legendbooks.html）
1. 《智慧型股票投資人（The Intelligent Investor）》
   作者：班傑明‧葛拉漢（Benjamin Graham），傑森‧茲威格（Jason Zweig）

| 附錄 |

2. 《巴菲特的投資原則》（Warren Buffett's Ground Rules）作者：傑瑞米・米勒（Jeremy Miller）
3. 《非常潛力股》（Common Stocks and Uncommon Profits and Other Writings）作者：菲利普・費雪（Philip Fisher）
4. 《彼得林區選股戰略》（One Up on Wall Street）作者：彼得・林區（Peter Lynch）、約翰・羅斯查得（John Rothchild）
5. 《彼得林區征服股海》（Beating the Street）作者：彼得・林區（Peter Lynch）、約翰・羅斯查得（John Rothchild）
6. 《巴菲特寫給股東的信》（The Essays of Warren Buffett）作者：華倫・巴菲特（Warren Buffett）、勞倫斯・康漢寧（Lawrence A. Cunningham）
7. 《凱恩斯文集—投資的藝術》（The Art of the Deal）作者：約翰・凱因斯（John Maynard Keynes）截至2025年4月，本書僅於中國發行簡體書，台灣並未正式發行。
8. 《股票作手回憶錄》（Reminiscences of a Stock Operator）作者：埃德溫・勒菲弗（Edwin Lefèvre）
9. 《投資最重要的事》（The Most Important Thing Illuminated）作者：霍華・馬克斯（Howard Marks）
10. 《永恆的價值：巴菲特傳》（Of Permanent Value: The Story of Warren Buffett）作者：安迪・基爾派翠克（Andrew Kilpatrick）
11. 《巴菲特核心投資法》（The Warren Buffett Portfolio）作者：羅伯特・海格斯壯（Robert G. Hagstrom）
12. 《巴菲特勝券在握的12個原則》（The Warren Buffett Way）作者：羅伯特・海格斯壯（Robert G. Hagstrom, Jr.）
13. 《雪球：巴菲特傳》（The Snowball：Warren Buffett and the Business of Life）作者：艾莉絲・施洛德（Alice Schroeder）

14. 《巴菲特：從無名小子到美國大資本家之路》（Buffett：The Making of an American Capitalist）作者：羅傑・羅溫斯坦（Roger Lowenstein）
15. 《價值投資致勝11堂課》（Value Investing）作者：查理斯・密斯拉契（Charles S. Mizrahi）
16. 《巴菲特的24個智富策略》（How Buffett Does It）作者：詹姆斯・帕多（James Pardoe）

## 第四部份：值得推薦的其它投資書籍

讀者可以連上作者的網站，取得 其它投資書籍推薦的完整書單 (https://granitefirm.com/investing/reference/morelegendbooks.html)

1. 《投資終極戰》（Winning the Loser's Game）作者：查爾斯・艾利斯（Charles D. Ellis）
2. 《異常流行幻象與群眾瘋狂/困惑之惑 (Extraordinary Popular Delusions and the Madness of Crowds）作者：查爾斯・麥凱（Charles Mackay），約瑟夫・德・拉・維加（Josef Penso de la Vega）
3. 《客戶的遊艇在哪裡？》（Where Are the Customers' Yachts?）作者：小弗雷德・史維德 （Fred Schwed Jr.）
4. 《烏合之眾》（Psychologie des foules）作者：古斯塔夫・勒龐（Gustave Le Bon）
5. 《從0到1 (Zero to One)》作者：彼得・提爾（Peter Thiel），布雷克・馬斯特（Blake Masters）
6. Why Moats Matter: The Morningstar Approach to Stock Investing 作者：Heather Brilliant，Elizabeth Collins
7. 股市真規則（The Five Rules for Successful Stock Investing）作者：派特・多爾西（Pat Dorsey）
8. Margin of Safety，作者：塞思・卡拉曼（Seth Klarman）

9. 哥倫比亞商學院必修投資課（Pitch the Perfect Investment）作者：保羅・桑金（Paul D. Sonkin），保羅・喬森（Paul Johnson）
10. 證券分析師實戰指南（Best Practice for Equity Research Analysts）作者：詹姆斯・瓦倫丁（James J. Valentine）
11. 蘇黎士投機定律（The Zurich Axioms）作者：Max Gunther
12. 華爾街操盤高手（Lessons from the Greatest Stock Traders of All Time）作者：約翰・波伊克（John Boik）
13. 金融怪傑（Market Wizards：Interviews with Top Traders）作者：Jack D. Schwager
14. 行為經濟學：誰說有錢人一定會理財？（Why Smart People Make Big Money Mistakes and How to Correct Them）作者：蓋瑞・貝斯基（Belsky Gary），湯瑪斯・季洛維奇（Gilovich Thomas）
15. 非典型經營者的成功法則—8個企業成功翻轉的案例（Outsiders：Eight Unconventional CEOs and Their Radically Rational Blueprint for Success）作者：桑戴克（William N. Thorndike）
16. 騙術與魔術：識破13種連財務專家都不易看穿的假報表（Financial Shenanigans）作者：霍爾・薛利（Howard M. Schilit），傑洛米・裴勒（Jeremy Perler）
17. 投資金律（The Four Pillars of Investing）作者：威廉・伯恩斯坦（William Bernstein）
18. 投資人宣言（The Investor's Manifesto）作者：威廉・伯恩斯坦（William Bernstein）
19. 投資的奧義（The Elements of Investing）作者：墨基爾（Burton G. Malkiel），艾里士（Charles D. Ellis）
20. 漫步華爾街（A Random Walk Down Wall Street）作者：墨基爾（Burton G. Malkiel）

21. 你也可以成爲股市天才（You Can Be a Stock Market Genius）作者：喬爾・葛林布萊特（Joel Greenblatt）
22. 堅持到底（Stay the Course）作者：約翰・柏格（John C. Bogle）
23. 共同基金必勝法（Common Sense on Mutual Funds）作者：約翰・柏格（John C. Bogle）
24. 投資智慧論語（The Book of Investing Wisdom）作者：彼得・克拉斯（Peter Krass）

## 附錄 5 ｜林子揚推薦的美股網站

https://granitefirm.com/investing/reference/stocksite.html

1. **美國證券交易委員會（SEC）官方網站（https://sec.gov/）**：可免費取得所有美股上市公司申報的正式財報和文件，是美股投資人都必須要造訪的網站。
2. **Seeking Alpha（https://seekingalpha.com/）**：最深入專業的美股個股分析，許多著名分析師和專業人士都會在此發表文章，文章內容都很有深度和具可讀性。
3. **雅虎財經（https://finance.yahoo.com/）**：提供全面的美股消息和上市企業新聞和財務數字，是歷史最悠久的專業網路財經媒體。
4. **華爾街日報（https://www.wsj.com/）**：每個商業人士必讀的媒體，上百年的地位無可取代，常會獨家批露企業的商業內幕消息。該網站也有中文專門的版本。
5. **巴隆周刊（https://www.barrons.com/）**：專門報導美股，華爾街的買方和賣方分析師意見，是代表美股市場主流意見的媒體。
6. **GuruFocus（https://www.gurufocus.com/）**：價值投資的專業網站，提供各式價值投資者所關注的各項指標數字，以及深入的訪談和意見。
7. **CNBC 電視（https://www.cnbc.com/）**：即時報導美國金融市場動態的媒體，是美國上市企業執行長受訪的首選電視頻道。
8. **萬里富（https://www.fool.com/）**：擅長以白話文和貼近大眾生活的方式來介紹美股。
9. **Financial Visualizations（https://finviz.com/）**：全方位提供個股基本面財務數字、新聞、技術分析、資料匯出、市場動態，內部人士交易情形的網站。

10. MacroTrends（https://www.macrotrends.net/）：提供美股上市企業歷史財務數字和圖形化統計資料的網站。
11. YCharts（https://ycharts.com/）：提供美股上市企業技術指標和線圖的專業網站。
12. 36氪（https://36kr.com/）：在美股上市的中國財經媒體，有許多深入的文章值得一讀，好處是全中文化。

## 附錄 6 ｜林子揚的網站，部落格，和社群

**1. 林子揚的聯絡方式**
- 與林子揚聯繫：https://granitefirm.com/feedback/

**2. 林子揚的部落格**
- 繁體中文部落格：https://www.granitefirm.com/blog/
- 英文部落格：https://www.granitefirm.com/blog/us/

**3. 林子揚的網站**
- 繁體中文網站：https://granitefirm.com/
- 簡體中文網站：https://granitefirm.com/chs/
- 英文網站：https://granitefirm.com/us/

**4. 林子揚的社群**
- 林子揚的美股長期投資（Andy Lin's US Stocks Long-term Investment）
  臉書群組：https://www.facebook.com/groups/granitefirm/
- X（推特）：https://x.com/Andylin4Granite/
- 領英：https://www.linkedin.com/in/andy-lin-547042237/

識財經
# 投資人的**美利天堂**

| 作　　者 | 林子揚 |
|---|---|
| 視覺設計 | 徐思文 |
| 主　　編 | 林憶純 |
| 行銷企劃 | 謝儀方 |

| 總 編 輯 | 梁芳春 |
|---|---|
| 董 事 長 | 趙政岷 |
| 出 版 者 | 時報文化出版企業股份有限公司 |
| | 108019 台北市和平西路三段 240 號 |
| | 發行專線—（02）2306-6842 |
| | 讀者服務專線—0800-231-705、（02）2304-7103 |
| | 讀者服務傳真—（02）2304-6858 |
| | 郵撥— 19344724 時報文化出版公司 |
| | 信箱— 10899 台北華江橋郵局第 99 號信箱 |
| 時報悅讀網 | www.readingtimes.com.tw |
| 電子郵箱 | yoho@readingtimes.com.tw |
| 法律顧問 | 理律法律事務所 陳長文律師、李念祖律師 |
| 印　　刷 | 紘億印刷有限公司 |
| 初版一刷 | 2025 年 8 月 22 日 |
| 初版二刷 | 2025 年 10 月 17 日 |
| 定　　價 | 新台幣 420 元 |

版權所有 翻印必究
（缺頁或破損的書，請寄回更換）

時報文化出版公司成立於 1975 年，並於 1999 年股票上櫃公開發行，於 2008 年脫離中時集團非屬旺中，以「尊重智慧與創意的文化事業」為信念。

投資人的美利天堂 / 林子揚作 . -- 初版 . -- 臺北市：時報文化出版企業股份有限公司, 2025.08
　184 面；17*23 公分 . -- ( 識財經 )
　ISBN 978-626-419-588-1( 平裝 )
　1.CST: 股票投資 2.CST: 證券市場 3.CST: 美國
　563.53　　　　　　　　　　　　　　114007531

ISBN 978-626-419-588-1
Printed in Taiwan